WUNDERRAUM

Lesen ist ankommen.

WLADIMIR KAMINER

Rotkäppchen raucht auf dem Balkon

... und andere
Familiengeschichten

WUNDERRAUM

Inhalt

Italienische Diät

In der ersten Zeit ihres Lebens entsteht bei vielen jungen Menschen der naive Eindruck, sie seien von Vollidioten umzingelt. Sie zweifeln an der Zurechnungsfähigkeit ihrer Eltern, ihrer Lehrer sowie der Regierung und denken, Dummheit regiere die Welt. Dabei sehen sie natürlich nur die Fassade, während ihnen die weit zurückreichende Weisheit der Völker verborgen bleibt. Sie versteckt sich in der Geschichte des Landes, in den alten Volksliedern, die keiner mehr singt, hinter den zweideutigen Sprichwörtern, die niemand versteht. Das erste deutsche Sprichwort, das ich hörte, war eine Warnung: »Hüte dich vor blonden Frauen und Autos, die die Russen bauen.« Was sollte denn das heißen? Zum einen wurden blonde Frauen überall auf der Welt hochgeschätzt; zum anderen mussten meine Landsleute früher jahrelang warten, bis sie ein Auto kaufen konnten. Und jetzt das. Hinter dem Sprichwort steckte eindeutig eine Geschichte, die ich nicht kannte. Anscheinend war hier in Deutschland eine Blondine mit einem russischen Auto heftig unterwegs gewesen und hatte das Bewusstsein des deutschen Volkes krass verändert.

Meine deutschen Freunde fragten mich oft, welches geheime Wissen in der weitverbreiteten russischen Volksweisheit *Baba s vosu kabile legche* steckt. Das sagen die Russen zu jedem Anlass und oft auch ganz ohne. Direkt ins Deutsche übersetzt würde der Satz frauenfeindlich klingen, er heißt nämlich so viel wie:»Wenn du merkst, dass deine Stute langsam wird, schubs schnell deine Frau von der Kutsche.« Das ist aber nicht so gemeint. Bei russischen Weisheiten steckt hinter dem oberflächlichen Unsinn immer ein zweiter Sinn, den selbst die Muttersprachler erst verstehen, wenn sie mindestens 200 Gramm Cognac intus haben. Für Außenstehende bleiben diese Weisheiten rätselhaft und hinter der Sprache verborgen. Selbst wenn sie das Vokabular einer Fremdsprache komplett beherrschen, werden sie die Weisheit des Volkes nicht verstehen. Sie steckt nicht in der Grammatik, nicht im Wortschatz oder in der Aussprache, sondern dahinter. Sie ist vergraben in den Pausen zwischen den Wörtern, im Husten und Schweigen der Völker. So hinterhältig sind die Sprachen der Welt, mit Ausnahme des Italienischen. Dort ist die Weisheit offensichtlich und nicht versteckt. Ich wollte schon immer Italienisch lernen, doch zuerst war ich dafür zu faul, dann zu alt und zu faul.

Mit dem Alter fällt es immer schwerer, neue Sprachen zu lernen. Meine Tochter aber hatte Glück. An ihrer Humboldt-Universität dürfen Studenten sämtliche Sprachkurse belegen, sie bekommen dafür sogar Punkte für oberflächliche

oder überfachliche Wahlpflichtbereiche und haben dann
bessere Aussichten bei der Studentenjob-Vermittlungszent-
rale. Meine Tochter weiß das zu schätzen. Sie lernte kurzerhand gleich alle Sprachen, um die Welt besser zu verstehen, und gilt jetzt schon in ihrer Stammkneipe als weise. Sie
hatte bereits Französisch und Spanisch, nun ging sie noch in
den Kurs für Italienisch. Sie wollte gleich auf dem A2-Level
einsteigen, für das sie allerdings einen Aufsatz zum Thema
»Wie ich den Sommer verbracht habe« schreiben musste.
180 Wörter auf Italienisch, ohne dass sie irgendwelche Vor-
kenntnisse besaß. Die einzige Erfahrung, die sie mit dem
Italienischen hatte, waren unsere gemeinsamen Familienes-
sen beim Italiener um die Ecke gegenüber dem Abenteuerspielplatz. Diese Erfahrung setzte meine Tochter für ihren
Aufsatz ein:

»Im Sommer sind wir mit den Eltern gelegentlich nach
Mallorca oder Ibiza gefahren«, schrieb sie, »aber noch öf-
ter gingen wir einfach zum Italiener Mario gegenüber vom
Abenteuerspielplatz. Meine Eltern mögen die italienische
Küche sehr. Sie bestellen für die Kinder *crostini misti* und
Cola und für sich selbst erst einmal einen *aperitivo*: einen
Aperol für Mama, Campari oder Martini für Papa und
einen Grappa für die Oma, weil Oma nichts Süßes mag.
Dann nehmen sie *vino bianco* für die Mama, *vino rosso* für
den Papa und noch einen Grappa für die Oma, weil Oma
nichts Kaltes trinkt. Wenn sie fertig sind, nehmen sie einen

digestivo: Limoncello für die Mama, Sambuca für den Papa und einen Absacker-Grappa für die Oma, weil Oma nichts Süßes mag und nichts Kaltes trinkt. Danach nehmen sie die Oma und gehen nach Hause.«

Obwohl diese Arbeit mehr nach einem Restaurantbeleg aus zwanzig Jahren italienisch Essen aussah, bekam meine Tochter eine 1 für ihre Arbeit samt der Bemerkung der Lehrerin: »Du hast aber lustige Eltern.« Jetzt müssen wir noch öfter zum Italiener, damit die Tochter ihre Sprachkenntnisse nicht nur auf dem Papier, sondern auch in der Praxis einsetzen kann. Ich halte mich gern an die italienische Diät. Sie ist hart, aber dient einem guten Zweck. Dank ihr gelingt es meiner Tochter vielleicht, als Einzige in unserer Familie die Welt zu verstehen, denn wir verstehen sie nicht. Wir können ihr daher nur dabei helfen. Wie die Italiener sagen: *Chi la sera i pasti gli ha fatti, sta agli altri a lavar i piatti* – wenn einer kocht, müssen die anderen abwaschen.

Kaminers im Kulturwahn
und drum herum

Früher wussten die Menschen Massenevents zu schätzen.
Ob Revolution, Krieg, Kommunismusaufbau – alle machten mit. Heute passen alle Events, die uns bewegen, auf die
Bildschirme von Smartphones. Jeder hat sein ganz individuelles Kulturprogramm mit einem Passwort verschlüsselt,
und keiner will es mit anderen teilen. Irgendetwas ist mit
uns passiert. Entweder sind die Menschen humaner oder
einander gleichgültiger geworden. Niemand will die anderen
noch beglücken, belehren oder in Reih und Glied aufstellen,
bis auf einige ältere Semester. Meine Mutter zum Beispiel
träumt schon seit Langem davon, dass wir als Großfamilie
alle zusammen zu einem Konzert gehen. Sie versucht, uns zu
jedem Anlass und auch ganz ohne Konzertkarten zu schenken, gegen die wir uns höflich wehren. »Ihr nutzt die hiesige
Kulturlandschaft überhaupt nicht!«, regt sich Mama auf.

Sie hält uns für Kulturbanausen und hat damit natürlich recht. Das liegt nicht zuletzt am kulturellen Überangebot dieser Stadt. Berlin hat ein abwechslungsreiches Kulturprogramm, jeden Tag staune ich, was wir verpassen: eine

Stasiaktenausstellung in Hohenschönhausen, ein gastronomisches Streetfood Festival in Kreuzberg mit Schwerpunkt Insekten, einen mehrtägigen internationalen Wettbewerb »Jugend lernt Schlagzeug« – davon meine ich sogar nachts etwas gehört zu haben, obwohl wir nicht in Friedrichshain wohnen. Die Bewohner von Marzahn können ruhiger schlafen, sie haben nur eine Gartenausstellung.

Meine Mutter geht dreimal die Woche in ein Museum, ins Konzert, ins Theater oder in die Philharmonie. »Ich möchte euch einladen, ich kaufe euch jede Karte, egal was sie kostet«, sagt sie immer wieder zu uns. Wir gehen nicht darauf ein. Nur ihr Enkelkind Nicole nahm Omas Angebot einmal an. Sie wollte das Wunder der Unsterblichkeit live sehen. Überall auf der Welt reizt es die Menschen, über die schmale Linie zu schauen, die das Sein vom Nichtsein trennt. In meiner Heimat stehen die Menschen seit beinahe hundert Jahren Schlange vor dem Mausoleum auf dem Roten Platz, um einige Minuten lang einen ausgestopften Mann mit einem roten Bart zu bestaunen. Ich bilde mir ein, die Menschen in der Schlange zu verstehen. Es sind bestimmt starke Gefühle, die sie zu dem Mausoleum treiben: die Angst vor dem eigenen Tod und die Neugier auf die darauffolgende Ewigkeit. Was aber die Menschen alle paar Jahre zu einem sogenannten letzten Konzert der Rolling Stones in Berlin treibt, bleibt mir ein Rätsel. Außerdem liegt der ausgestopfte Mann im Mausoleum für alle kostenlos da, während die singenden Steine sauteuer sind. Ich glaube sogar, sie sind teurer als alle lebenden Sängerinnen und Sänger. Für Nicole war es trotzdem ein Traum, diese Band einmal live zu erleben, und meine Mutter beschloss, ihr den Konzertbesuch zum Geschenk zu machen. Allerdings unter einer Bedingung: Sie wollte mitkommen. In meinen Augen war das ein interessantes soziales Experiment, man könnte sogar eine Geschichte darüber schreiben: »Oma und die Rolling Stones in der Waldbühne«.

»Da musst du aber noch durch den Wald, um zu der Veranstaltung zu kommen«, warnten wir sie. Meine Mutter ist ein kulturinteressierter Mensch, aber keine große Läuferin. Sie trägt eine Uhr mit Schrittzähler, die ihr anzeigt, wie viele Schritte sie im Laufe des Tages bereits gemacht hat. In der Regel sind es bis Mittag 43. Das Hauptproblem beim Gehen besteht darin, das Gleichgewicht zu halten. Mit dem Alter merkt man überdeutlich, dass die Erde nirgends gerade, sondern immer rundlich ist. Es geht ständig bergauf und bergab. Das erfordert eine enorme Aufmerksamkeit, eine falsche Bewegung und du landest im Busch. Eine Gehhilfe möchte meine Mutter aber nicht, sie äußert sich abschätzig über all die komischen Omas, die kleine Wagen vor sich herschieben, obwohl die meisten dieser Omas in Wahrheit jünger sind als sie. Nicht einmal einen Stock möchte meine Mutter, höchstens einen Regenschirm, den sie unauffällig als Gehstock benutzt. Das wird ein großer Spaß, ahnten wir.

13

Am Tag des Konzertes regnete es. Das Enkelkind und die Oma gingen zusammen 800 Meter durch den Wald. Der Regenschirm wurde meiner Mutter gleich am Eingang abgenommen, weil er unter Umständen als gefährliche Waffe dienen konnte. So könnte meine Mutter, wenn ihr ein Song nicht gefiel, den Regenschirm wie einen Speer benutzen und mit einem gezielten Wurf den einen oder anderen Stone vorzeitig ins Rollen bringen.

»Aber dafür bin ich doch viel zu alt und schwach«, verteidigte die Oma ihren Regenschirm vor dem Wachdienst. »Ich könnte ihn niemals so weit schleudern.«

»Das ändert aber nichts«, meinte der Wachdienst.

Nach seiner Security-Logik musste die Oma ja gar nicht selbst werfen, sie könnte stattdessen das Enkelkind bitten, den Wurf für sie zu erledigen. Und das Enkelkind müsste gehorchen, allein schon aus Respekt vor dem Alter.

Die ganze Waldbühne bestand aus miesen Treppen und Stufen aus Stein, die offenbar für einen überdimensionalen Menschen gemacht worden waren. Meine Mutter hasst Treppen grundsätzlich, aber die der Waldbühne widersprachen jeglicher Vorstellung von menschlichem Leben. Es kamen immer mehr Besucher zu dem Konzert, die große Waldbühne schien ausverkauft zu sein. Junge und Alte waren dabei, als wäre die jahrelange Schlange vor dem Mausoleum in Moskau plötzlich durch Zauberkraft hierher versetzt worden. Es donnerte und blitzte am Himmel, als die

Stones ihren ewigen Altmännergesang über die Unbefriedigtheit des Mannes begannen. »I can't get no satisfaction!«, riefen sie. Das Enkelkind nahm Omas Hand und sprang und sprang und sprang im Takt der Musik.

Nach dem Konzert zeigte die Schrittzähleruhr auf einmal 99 000 – ein Rekord. Als wäre meine Mutter einmal um die Welt gelaufen.

Mutters Geburtstag

»Ich möchte dieses Jahr überhaupt nicht groß feiern, und extra kochen möchte ich auch nicht. Wer kommt, der kommt. Ich kaufe einfach einen der tollen Marmorkuchen aus der Bäckerei Harmonie. Oder vielleicht bringt ja jemand selbst einen Kuchen mit.«

Wir besprachen mit Mama ihren bevorstehenden Geburtstag, und sie war melancholisch gestimmt. »Ich werde achtundachtzig Jahre alt. Wer hätte gedacht, dass ich es so weit bringen würde trotz Krieg, Hunger und Not. Ich glaube, das Auswandern hat mich verjüngt.«

Meine Mutter war mit sechzig aus der Sowjetunion nach Deutschland gekommen und betrachtete diesen Umzug als Beginn eines neuen Lebens. »Wenn es so weitergeht, werde ich womöglich sogar neunzig. Niemand von meinen Freundinnen und Freunden hat das geschafft. Jetzt ist das Wichtigste, sich nicht behexen zu lassen«, meinte meine Mutter. Ich wusste sofort, was sie meinte. Ab einem bestimmten Alter gilt es als schlechtes Omen, seine Geburtstage zu opulent zu feiern. Die Mutter meiner Mutter hatte ihren Siebzigsten in einem kaukasischen Restaurant namens Rioni in Moskau gefeiert, mit Musikkapelle, freier Getränkeauswahl und hauseigenem Feuerspucker. Danach waren das Geburtstagskind und etliche Gäste im Krankenhaus gelandet.

»Ich möchte ganz bescheiden zu Hause bleiben, im kleinen Familienkreis feiern und keine Einladungen verschicken. Allerdings wünsche ich mir schon sehr, dass meine Enkelkinder mich besuchen, und zwar freiwillig – also von allein, nicht von ihren Eltern gezwungen. Sie könnten einfach so vorbeikommen und fragen: ›Hallo Oma, wie geht es dir? Sollen wir dir vielleicht einen Marmorkuchen aus der Bäckerei Harmonie bringen?‹ Sie kommen mich ja sonst nie besuchen.«

»Aber Mama«, sagte ich zu ihr, »das ist leider der normale Lauf der Dinge. Die Jugend ist zu sehr mit sich selbst beschäftigt, sie denkt nicht an die Großeltern. Nirgendwo auf der Welt gehen junge Menschen freiwillig ihre Omas besuchen. So eine Jugend gibt es nicht.«

»Es gibt sehr wohl so eine Jugend«, erwiderte meine Mutter. »Da kenne ich Geschichten ... die von Rotkäppchen zum Beispiel!«

Ich wäre beinahe vom Stuhl gefallen, so unerwartet kam das.

»Liebe Mutti, Rotkäppchen ist eine Märchenfigur, die sich frustrierte Omas ausgedacht und dann den Gebrüdern Grimm ins Ohr geflüstert haben. Du glaubst doch nicht wirklich, dass das Mädchen mit dem Kuchen freiwillig durch den dunklen Wald zu seiner Oma gegangen ist. Bestimmt wurde sie von ihrer alleinerziehenden Mutter unter Druck gesetzt. Wahrscheinlich hatte die Mutter finanzielle Schwierigkeiten und wollte bei der Oma ein wenig Geld pumpen, weil Omas bekanntlich sehr sparsam leben und immer etwas auf der hohen Kante haben. Nachdem sie sich aber vor Jahren zerstritten hatten, weil die Oma Rotkäppchens Vater nicht leiden konnte, hat sie ihre Tochter losgeschickt. ›Hier, nimm den Kuchen und ab zu Oma!‹, hat sie gesagt. ›Und setz deine rote Kappe auf, damit sie dich überhaupt erkennt.‹

Ganz sicher ist es so gewesen. Rotkäppchen hatte bestimmt erstens keine Lust, allein durch den Wald zu laufen, und zweitens noch weniger Lust, das rote Käppchen zu tragen, das völlig aus der Mode war. Nur kleine Kinder und komische Tanten trugen noch rote Käppchen. Aber sie musste sich dem Willen der Mutter beugen, denn sie war minderjährig und hatte kein Mitspracherecht. Außerdem konnte das Mädchen seine eigene Oma nicht einmal von einem Wolf unterscheiden. Was sagt uns das? Das Enkelkind und die Oma hatten einander vorher wahrscheinlich nicht allzu oft gesehen.«

»Ich wünsche mir trotzdem, dass meine Enkel kommen«, bestand meine Mutter auf ihrem altmodisch romantischen Weltbild.

»Mal sehen, was sich machen lässt«, nickte ich knapp. Abends telefonierte ich mit meiner Tochter. Ich näherte mich dem Thema lieber von Weitem.

»Na, Nicole, wie geht es dir, Liebes?«

»Mein Leben ist die Hölle«, meinte sie. »Gestern hatte ich den schlimmsten Tag meines Lebens.«

Sie hatte endlich ihr Seminar in Ethnologie über »Gender und Migration« hinter sich gebracht, in dem es darum ging, dass alle Menschen Migranten waren und sich außerdem jeden Tag ein anderes Geschlecht aussuchen konnten, so wie man im Geschäft neue Hosen anprobierte. Danach hatte meine Tochter drei Stunden Fahrunterricht. Der Fahrlehrer hatte sie gelobt, sie könne inzwischen besser bremsen als ihr Altersdurchschnitt, sie sei geradezu eine geborene Bremserin. Dann war er, ein Kettenraucher, aus dem Auto gestiegen, um eine Zigarette zu rauchen, während Nicole ganz alleine einparken lernen sollte, und zwar richtig nah am Bordstein. Nachdem der Fahrlehrer eine Schachtel Marlboro aufgeraucht hatte, hatte sie es fast geschafft. Abends musste sie fünf Stunden im Prater kellnern, riesige Weihnachtsgänse durch die Gegend schleppen und nachts noch nach Frankfurt an der Oder fahren, weil ihr alter Freund Lucas Geburtstag hatte. Er hatte sie bereits ein halbes Jahr zuvor eingeladen, aber vergessen, ihr mitzuteilen, dass er zwischenzeitlich umgezogen war. Kurzfristig die Einladung abzusagen wäre nicht freundschaftlich gewesen, also fuhr Nicole nach Frankfurt/Oder und gegen Morgen wieder zurück. Die ganze Zeit tat ihr das linke Ohr weh, weil sie sich die Ohrmuschel hatte piercen lassen, was viel mehr schmerzte als ein Bauchnabelpiercing, da Ohrmuscheln keine Fettschicht haben. Prompt konnte sie nachts nur auf der rechten Seite schlafen. »Sonst geht es mir aber gut«, meinte die Tochter, »alles picobello.«

»Liebe Nicole«, sagte ich, »bald hat deine Oma Geburtstag. Könntest du dir vorstellen, sie zu besuchen und eine halbe Stunde lang Rotkäppchen zu spielen? Den Kuchen gebe ich dir natürlich mit.«

»Und was genau soll ich tun? Soll ich sie wirklich fragen, warum sie so große Ohren hat?« Meine Tochter hielt das für keine gute Idee.

»Nein, das musst du nicht. Du fragst sie nur, wie es ihr geht«, sagte ich.

»Das kann ich machen«, meinte die Tochter, »es wird aber nichts bringen, weil Oma mich nicht hören kann. Jedes Mal, wenn wir uns treffen und ich sie laut grüße, fragt sie im besten Fall nach, was ich gerade gesagt habe. Oma mag ja große Ohren haben, aber hören tut sie mich trotzdem nicht. Sie schaut russische Krimiserien auf voller Lautstärke, sodass die Nachbarn verzweifelt an die Tür klopfen, weil sie denken, in ihrer Wohnung würden wie am Fließband Russen umgebracht. Und selbst wenn sie mich hört, versteht sie mich nicht. Sie fragt dann dich, was ich gerade gesagt habe, und redet in meiner Anwesenheit von mir in der dritten Person.«

»Gut, aber sie sieht dich und freut sich darüber«, konterte ich. »Oma hat noch gute Augen.«

»Oma sieht mich auch nicht«, konterte Nicole. »Als ich mir neulich zu Halloween die Haare blau gefärbt hatte, hat sie es nicht einmal bemerkt.«

»Ich verspreche dir, wenn du dir die Haare rot färbst, wird sie es merken«, sagte ich.

»Ich möchte mir die Haare aber nicht rot färben, das machen nur Kinder und komische Hartz-IV-Tanten aus Weißensee. Ich bin für wärmere Farben, kann mich aber zwischen Grün und Blau nicht entscheiden.«

An Omas Geburtstag klingelte es an der Tür, und Nicole, das süßeste Enkelkind mit blaugrün gefärbten Haaren, einem vom Piercing angeschwollenen Ohr und einem Marmorkuchen aus der Bäckerei Harmonie, erschien, küsste die Oma, lächelte sie an und führte einen großartigen Small Talk durch. Mutters Katze, ein dicker nordamerikanischer Maine-Coon, saß auf dem Teppich zu Omas Füßen und fauchte das blaugrüne Rotkäppchen an.

»Wer solche Katzen hat, braucht keine Wölfe mehr«, schüttelte das Rotkäppchen den Kopf und ging auf den Balkon eine rauchen.

Der magische Turnschuh des Lebens

Der Lauf der Zeit ist durch keine menschliche Macht aufzuhalten, und irgendwann kommt der bewegende Augenblick: Die Kinder verlassen das Elternhaus. Ihre Zimmer müssen ausgeräumt, die hintersten Schubladen geöffnet werden, die letzten Spuren der Kindheit werden beseitigt und weggeputzt. Da stellt sich natürlich die Frage, wohin mit dem ganzen Kram? Wegschmeißen oder archivieren? Nimmt das Kind die Sachen mit, oder will es sie dem Scheiterhaufen der Geschichte überantworten? Das kommt ganz auf das Kind an.

Luise, die beste Freundin meiner Tochter, ist zum Beispiel ein Messie. Sie schmeißt nichts weg. Sie besitzt sogar noch das Gummibändchen mit ihrem Namen, das man im Krankenhaus an ihrem Ärmchen befestigt hatte, nachdem sie das Licht der Welt erblickt hatte. Sie hat auch noch viele Süßigkeiten aus dem vorigen Jahrzehnt bei sich im Regal. Ihre noch immer nicht ausgepackte Schultüte bewahrt sie für später auf, wenn sie in Rente geht und das Leben so bitter wird, dass sie Lust auf Süßes bekommt. Es gibt in der Tat solche Menschen, die ihre Begierden bewusst unterdrücken und den Inhalt ihrer Schultüten nicht gleich vernaschen, sondern den Spaß auf später verschieben. Sie glauben, je länger sie warten, desto besser schmeckt irgendwann der Tüteninhalt. Manchmal aber übertreiben sie es mit der Warterei und vergessen, was an der Tüte eigentlich so toll sein sollte. So wird aus einem verschobenen Traum ein Exponat. Luises Zimmer ist voll mit solchen Exponaten, von denen ihr Abi-Ei sicher die skurrilste Erinnerung an längst vergangene Zeiten ist.

Der Abiball vor fünf Jahren war lang. Zweimal kam die Feuerwehr, einmal die Polizei. Die Jugend hat bis in den frühen Morgen gefeiert, erst um 6.oo Uhr gingen die Letzten nach Hause. Am nächsten Tag wollte sich Luise wie immer ein Ei zum Frühstück kochen. Bei dem Gedanken an das Innere des Eis wurde ihr jedoch so schlecht, dass sie, statt es zu essen, wieder ins Bett ging. Das gekochte Abi-Ei stellte sie ins Regal. Da steht es noch immer und riecht nicht einmal schlecht. Luise meint, sie würde irgendwann auch das Abi-Ei essen zusammen mit dem Inhalt der Einschulungstüte, nur eben später, wenn sie in Rente ging.

Auch ihre Tagebücher von der ersten bis zur fünften Klasse hat Luise sorgfältig eingebunden im Regal neben dem Ei stehen. Die Texte werden manchmal bei der einen oder anderen Party, wenn die ehemalige Klasse zusammenkommt, laut vorgelesen. In der Grundschule hatte jeder Tagebuch geschrieben, aber nicht jeder hat seine aufbewahrt. Meine Tochter vernichtete den Großteil ihrer Tagebücher in einem Anfall von Rebellion, als sie erkannte, wie verkrampft und gezwungen diese bemühte Kreativität war. Es sind nur einige Fetzen übrig geblieben, die jedoch durchaus tiefen Einblick in ihre damalige Sehnsucht nach einer eigenen Identität erlauben. Diese Sehnsucht wurde durch zwei Faktoren stark beeinflusst: die scheinbar endlosen Folgen von »Deutschland sucht den Superstar« und die spannenden Abenteuer von Harry Potter und seiner Gang aus der alten Zauberschule Hogwarts.

Die Schule meiner Kinder war auch alt, ein Backsteingebäude aus dem vorigen Jahrhundert mit spitzen Dächern und hoher Mauer, flächendeckend mit Efeu begrünt. Von außen erinnerte das Gebäude an Hogwarts, nur wussten die Schüler nicht, wie sie ihre Zauberkräfte entwickeln sollten. In der fünften Klasse kam Luise auf die geniale Idee, die Efeublätter zu kauen. Sie erzählte ihren Freundinnen unter der Auflage größter Geheimhaltung, diese Blätter würden ihnen magische Fähigkeiten verleihen. Nichts verbreitet sich in einer Schule schneller als Geheimnisse. Innerhalb einer Woche hatten die Schüler fast die ganze Schulmauer abgekaut. Dank der Tagebuchreste meiner Tochter sind die Ereignisse von damals gut dokumentiert, wobei ihre Aufzeichnungen nach dem Muster von DSDS mit unzähligen Ranglisten für Mitschüler, Lehrer und Freunde gefüllt sind:

»Conrad rutscht von Platz 2 auf Platz 5. Er hat nicht gegrüßt und heute so gut wie keinen Efeu gegessen«, notierte meine Tochter. Dabei war Conrad am Tag vorher noch auf Platz 2 gewesen, also ganz nah an Harry Potter. Er hatte allein eine ganze Ecke von der Mauer abgeknabbert und zauberhaft grün gekotzt. Später war Conrad von der Zauberei aber abgekommen und hatte eine Lehre als Versicherungskaufmann in Hannover gemacht.

Bis auf einige Fetzen des Tagebuchs, unleserliche Seiten mit kindlichen Zeichnungen, die Kinder mit Efeublättern in der Hand darstellen, wollte meine Tochter Nicole nichts, aber auch gar nichts aus ihrem Kinderzimmer in die große weite Welt mitnehmen. Es sind genau genommen drei Seiten, die durch reines Glück den Flammen entkommen waren.

Nicoles Bruder Sebastian hingegen mochte nichts zurücklassen. Er kann sich grundsätzlich nur schweren Herzens von Dingen trennen, besonders wenn diese Dinge Turnschuhe sind. Er besitzt noch alle, die er jemals getragen hat. Sogar die schwarzen Kanga Roos, die er in der Grundschule trug, das erste Paar Turnschuhe, das gekauft wurde, nachdem Sebastian ein zwar eingeschränktes, aber immerhin von Mama eingeräumtes Mitspracherecht bei der Auswahl des eigenen Outfits bekommen hatte. Damals wählte er die Kängurus und trug sie die ganze Zeit, egal ob in der Schule oder zu Hause. Wir mussten das Kind zwingen, sie wenigstens abends vor dem Schlafengehen auszuziehen. Spä-

ter kamen Adidas-Sneaker, Jordans mit Flügeln und selbst
konfigurierte Air Force von Nike mit dem Spruch »Life is
a Message« auf der Sohle. Es folgte die endlose Jagd nach
besonderen Turnschuhen im Internet, schlaflose Nächte der
Verzweiflung und der Hoffnung, irgendwann, irgendwo, im
uferlosen Turnschuh-Ozean des Internets das eine Paar zu
finden, das ihn und nur ihn allein über den Alltag schweben
ließ. Diese Zauberschuhe jagte Sebastian im Netz. Er beob-
achtete Turnschuhe in ihrer natürlichen Umgebung, bei den
kleinen Musiklabels, deren Musiker plötzlich Designer geworden waren und ganz nebenbei Wunderschuhe schufen,
selbstverständlich in limitierter Auflage. Jeder Jäger kennt
dieses Gefühl. Es können tausend Stunden vergehen, jede
Hoffnung scheint vergebens, und dann tritt plötzlich ein ge-
waltiger Hirsch aus dem Gebüsch direkt auf dich zu, legt dir
seinen Kopf vor die Knarre und röhrt: »Erschieß mich!« Auf
so einen Glücksfall wartete Sebastian.

Eines Tages gab der Rapper XXXTentacion aus Amerika
bekannt, er würde zusammen mit Supreme einen neuen
magischen Turnschuh kreieren, der unsere Zeit zum Stehen bringen werde. Der Schuh wurde in kleiner Auflage
um halb vier Uhr nachts auf seiner Homepage für achtzig
Dollar angeboten. Die Welt hätte es beinahe verschlafen,
nur Sebastian war wach. Er kramte sein letztes Geld zusammen und bestellte die Wundersneaker. Am nächsten
Tag wurde der Rapper XXXTentacion an einer Tankstelle

in Florida erschossen, wahrscheinlich von Menschen, die mit ihm streiten wollten, aber seinen Namen nicht aussprechen konnten und sich sehr darüber ärgerten. Ein großes Drama, XXX war erst 21 Jahre alt. Der Schuh, den Sebastian in Amerika für achtzig Dollar bestellt hatte, war, als er eine Woche später in Deutschland ankam, schon 400 Dollar wert. Allerdings wurde der magische Schuh vom deutschen Zoll vorläufig einkassiert. Trump war gerade dabei, Europa in einen sinnlosen Zollkrieg zu verwickeln, und Sebastian drohte zum ersten Kollateralschaden dieses Krieges zu werden. Mutig fuhr er durch die ganze Stadt zum Zollamt, redete mit den Beamten, bezahlte die verlangten Gebühren und rettete seine Schuhe. Zu Hause versuchte er, sie anzuprobieren. Von außen sahen sie zwar groß aus, waren ihm aber innen eindeutig zu klein. Entweder hatten die Rapper in Amerika kleine Kinderfüße, oder die amerikanischen Größen stimmten mit den europäischen nicht überein.

»Verkauf sie!«, riet ich meinem Sohn: »Sofort verkaufen! Dafür kannst du dir drei Paar Air Force kaufen und einen Pulli dazu.« Aber Sebastian wartete. Der Preis stieg immer weiter, doch je höher er stieg, desto unwilliger wurde mein Sohn, die Schuhe zu verkaufen.

»Ich möchte sie behalten«, sagte er.

Auf jeden Fall blieben die Schuhe im Korridor stehen und schienen tatsächlich etwas Magisches auszustrahlen. Sogar unser Kater Fjodor Dostojewski, der schon in jeden auf dem

Boden stehenden Schuh mindestens einmal hineingepisst hat, macht um die XXX-Schuhe einen großen Bogen.

Sebastian ist überzeugt, dass diese Schuhe eine wichtige Stütze in seinem Leben sind und ihm helfen, Coolness zu bewahren, auch ohne sie zu tragen. Seine Schwester Nicole hält das für Quatsch. Sie glaubt grundsätzlich nicht an Magie. Nur wenn sie an ihrer alten Schule vorbeigeht, an der mit Efeu bewachsenen Wand, reißt sie ein Blatt ab und kaut nachdenklich daran. Aus Gewohnheit und der alten Zeiten wegen.

Leben heißt lernen

Der größte Spaß des Menschen ist es, etwas Neues fürs Leben zu lernen. Und wie lernt man etwas Neues am besten? Indem man versucht, es einem anderen beizubringen. Mein Nachbar Frank möchte zum Beispiel seinem Hund Fidel, einer wilden Mischung aus Terrier und Dackel, das Stöckchenholen beibringen. Frank ist damit schon seit einem gefühlten Jahrzehnt beschäftigt. Sein Hund ist alt, stolpert über die eigenen Beine und versteht den Sinn der Übung nicht. Dafür hat Frank selbst das Stöckchenholen inzwischen perfekt drauf. Noch bevor das Stöckchen auf der Erde landet, rennt Frank los und packt es quasi im Flug, zwar nicht mit den Zähnen, aber immerhin mit einer Hand. Fidel und ich staunen jedes Mal, wenn wir Frank dabei zuschauen.

Diese Art Unterricht hat aber einen Nebeneffekt. Je flotter Frank springt, desto unbeweglicher wird der Hund. Möglicherweise korreliert die wachsende Fähigkeit des Lehrers irgendwie mit dem Unvermögen und der Unlust des Schülers. Ähnlich an der Uni: Je mehr die Professoren erzählen, umso weniger verstehen die Studenten. Meine

Kinder gehen beide zur Uni, meine Tochter studiert Europäische Ethnologie, Philosophie und Gender Studies, mein Sohn hat sich für Gartenbau immatrikuliert, will sich aber demnächst exmatrikulieren und etwas Neues suchen. Beide haben in der Uni-Kantine viele interessante Gleichaltrige aus anderen Studienfächern kennengelernt, aus historischer Linguistik, Französisch, nachhaltiger Ernährungswissenschaft, Organisationspsychologie oder African Studies. Und alle haben sich beschwert, ihr Studium sei zu theoretisch: Beim Gartenbau sei man nie im Garten, Französisch werde auf Deutsch erklärt, und bei der nachhaltigen Ernährungswissenschaft gäbe es nichts zu essen.

Auch die Ernährungswissenschaftler müssen wie alle anderen in die Mensa und dort eine halbe Stunde warten, bis ein Tisch frei wird, auf den sie ihren Reis mit Erbsen stellen können. Gekocht wurde er von einer Frau mit perlweiß gefärbten Haaren und roten Strähnchen, die möglicherweise gar nicht studiert hat, aber nachhaltige Ernährungswissenschaft und Organisationspsychologie perfekt beherrscht. Sie weiß, dass die Studierenden den Reis aufessen, die Erbsen aber auf dem Teller liegen lassen. Darum püriert sie anschließend die Erbsen, und am nächsten Tag stehen »Gemüsebuletten« auf der Speisekarte.

»In Europäischer Ethnologie wird die ganze Zeit über Gendertheorien, Rassismus und die ungleiche Machtverteilung in der Gesellschaft gesprochen, aber wenn ich in einem

Jahr mit dem Studium fertig bin, habe ich nicht das Gefühl, für etwas Handfestes im Leben qualifiziert zu sein«, meinte meine Tochter.

Eigentlich trage das Studium zur ungleichen Machtverteilung in der Gesellschaft bei, schaffe Hierarchien, teile Menschen ungeachtet ihrer wahren Qualitäten in Bachelor und Master, in Doktor und Professor. Es zähle nur der Titel auf der Abschlussurkunde, meinte sie. Das Praktikum, die Feldforschung, fehle bei den meisten. Mit wenigen Ausnahmen: Die Tochter meiner Freundin Angelika hatte in Leipzig African Studies belegt und war nach zwei Studienjahren auf eigene Faust nach Ghana gereist, um sich vor Ort ein Bild von dem Land und den Menschen zu machen. Nach einem Monat Herumreisen rief sie ihre Mama an und meinte, sie brauche dringend 5000 Dollar für den Schlepper, damit ein Mann namens John nach Leipzig kommen könne. Die Mama hatte Angst, Schlepper für John zu bezahlen, und suchte gemeinsam mit ihrer Tochter einen legalen Weg, um John nach Leipzig zu bringen. Das klappte tatsächlich, obwohl es fast so lange gedauert hat wie das Studium selbst. Am Ende kamen alle auf ihre Kosten: Die Tochter hat ihren Bachelor in African Studies, John betrieb in Leipzig Bäckerstudien und steht nun jeden Tag um vier Uhr auf, um Semmeln für die Sachsen zu backen. Und Angelika hat ein wunderhübsches Enkelkind.

Das ist aber eine der wenigen Erfolgsgeschichten beim

studierenden Volk. Immer wieder werden Menschen von ihrem neu erworbenen Wissen enttäuscht. Und trotzdem wollen sie weiterlernen, denn man lebt nur, solange man lernt.

Sogar meine 88-jährige Mutter möchte noch lernen. 23 Jahre lang ging sie zur Volkshochschule, um Englisch zu lernen. Bis die Lehrerin vor zwei Jahren in Rente ging. Seitdem träumt meine Mutter häufig, dass sie voller Erwartungen zur Schule geht, mit einem großen Gladiolenstrauß in der Hand. Im Traum bleibt aber stets unklar, was genau sie lernen wird. Ihre Schwester in Moskau hat ähnliche Träume. Tagsüber telefonieren sie manchmal stundenlang und tauschen sich darüber aus.

»Ich habe es satt, zu Hause zu sitzen«, sagte die Schwester neulich, eine verdiente Rentnerin der Russischen Föderation. »Ich möchte nicht den Rest meines Lebens vor der Glotze verbringen und Putin zuhören, wie er über die weltpolitische Lage nuschelt. Ich möchte Klavier spielen lernen. Ich wollte schon immer ein Musikinstrument spielen, wurde aber stets durch den Job und die Familie davon abgehalten. Jetzt sehe ich aber sogar im Schlaf, wie ich Klavier spiele!«

Im Traum besuchte die Schwester in Moskau einen Schnupperkurs in einer Musikschule. Das Klavierspielen erwies sich im Traum als ganz leicht. Man musste nur eine Handvoll Noten lernen und dann zur rechten Zeit auf die richtigen Tasten drücken, die in schwarze und weiße unterschieden waren, damit man nicht aus Versehen die falsche erwischte. Das einzig Unangenehme für die Schwester war, dass ihr beim Spielen alle auf die Finger schauten. Sie litt nämlich unter einer Allergie und hielt ihre Hände für nicht besonders schön, da die Haut ständig schuppte.

»Wenn ich nur deine Hände hätte«, sagte die Schwester zu meiner Mutter am Telefon, »dann wäre ich wirklich auf die Musikschule gegangen.«

Nach diesem Gespräch träumte meine Mutter ebenfalls einen seltsamen Traum: Zusammen mit ihrer Schwester ging sie zur Musikschule. Ihre Schwester beherrschte die Noten bereits perfekt und wollte mit den Fingern meiner Mutter die Tasten bedienen.

»Wir sind bereit, wir können loslegen«, sagte die Schwester zur Musikschuldirektorin.

In der Musikschule fand jedoch gerade eine politische Veranstaltung statt. Putin saß am Klavier und belehrte das Publikum über die weltpolitische Lage.

»Das wird jetzt leider immer so sein«, erklärte die Musikschuldirektorin. »Bevor jemand zu spielen beginnt, muss er zuerst zwei Stunden lang Putin zuhören« – eine neue Klavierregelung des Kulturministeriums.

»Das mache ich aber ganz sicher nicht mit!«, fuchtelte meine Mutter mit ihren schönen Händen. Und wachte auf.

Mutters Frühstück

Meine Mutter geht regelmäßig einkaufen, was aufgrund der Vielfalt der Läden in unserem Bezirk bei ihr einen halben Tag dauert. Aber sie möchte nichts verpassen und hat sich über die Jahre aus dieser Vielfalt heraus ein schönes Frühstück zusammengestellt. In einer demokratischen, offenen Gesellschaft braucht man viel mehr Zeit zum Einkaufen als in einer Diktatur, wo dir dein Frühstück quasi vom Regime diktiert wird. In der Spätlese der Sowjetunion war meine Mutter in den immer gleichen Lebensmittelladen gegangen, um das Nötigste zu besorgen. Der Laden hatte für die damalige Zeit einen fortschrittlich klingenden Namen, er hieß »Der Stoffwechsel«. Je nach Wochentag konnte man dort einen anderen Stoff finden. Mal ein paar Würste oder eine Packung Butter, an einem anderen Tag dafür nur Tomatensaft und Chips, als wäre unser Bezirk ein Flugzeug und bereits abgehoben.

In Berlin muss meine Mutter mindestens drei Geschäfte besuchen, um ein anständiges Frühstück für sich und ihre Katze Wassilissa zusammenzubekommen. Wir sind, wie gesagt, eine offene multikulturelle Gesellschaft, wir haben die russische Kaufhalle Kasatschok gar nicht weit von unserer Straße entfernt, wir haben die türkische Halal-Welt und eine deutsche Bäckerei mit integriertem Getränkemarkt. Bei den Russen bleibt Mama besonders lange hängen. Zum einen, weil die Erinnerungen einen nie loslassen, und zum anderen wegen einer russischen Spezialität, die sie sehr mag. Jedes Volk scheint eine solche Spezialität zu haben, um sich von seinen Nachbarn zu unterscheiden. Bei der Frage, was Russen am liebsten frühstücken, würde wahrscheinlich jeder sofort an Wodka, Salzgurken oder Kaviar denken. Dabei haben diese Produkte in einer russischen Kaufhalle in Berlin höchstens eine bescheidene Ecke neben der Kasse, die auf den Überrumpelungseffekt zielt. Der Kunde, der alle wichtigen Einkäufe bereits aufs Band gepackt hat und sich in der Schlange zur Kasse langweilt, schaut sinnlos vor sich hin. Dort, wo in einem deutschen Supermarkt Feuerzeuge und Kaugummis liegen, lachen einen bei den Russen die kleinen Fläschchen an. Na ja, warum eigentlich nicht, denkt sich der Kunde, schluckt trocken und packt ein paar davon oben auf die Milch.

Die wichtigste Ware im Sortiment der russischen Kaufhalle, das Produkt, das die unzähligen gläsernen Schränke an den Wänden praktisch für sich allein in Anspruch nimmt, ist aber nicht Wodka, sondern Speck. Den gibt es bei den Russen in neunundneunzig Sorten: stark oder schwach geräuchert, mit oder ohne Knoblauch, in Lorbeer eingelegt oder mit Roter Bete ummantelt, »Der würzige Kosak« in Scheiben geschnitten oder große Briketts der berühmten Marke »Drei Ferkel – ein Schicksal« mit lustigen Gesichtern drauf. Gleich daneben runde Bällchen mit böse dreinblickenden, sehr realistisch gezeichneten älteren Frauen. »Das Beste von der Schwiegermutter« steht auf der Packung, wobei es bei dieser Marke unklar bleibt, ob der Speck nach dem Rezept der Schwiegermutter kreiert wurde, oder ob ein Familienmitglied für das Produkt geopfert werden musste. Es gibt außerdem litauischen, sibirischen, weißrussischen oder ukrainischen Speck, ganz so, als hätte die gesamte Sowjetunion siebzig Jahre lang nicht den Kommunismus aufgebaut, sondern Speckrezepte ausprobiert. Die überaus berühmte »Mäusefalle«, also Speck mit Käse in praktischen 500 Gramm Briketts, vakuumverpackt, genießt große Aufmerksamkeit bei den russischsprachigen Berlinern. Meine Mutter kauft in der Regel eine kleine Packung von dem würzigen Kosaken, danach geht sie in die Bäckerei.

Was den Russen der Speck ist, sind den Deutschen die Brötchen. Ich vermute, niemand in diesem Land weiß, wie viele Sorten es hier gibt. Sie heißen auch noch je nach Region anders – Schrippen, Semmeln oder Wecken –, sind aber im Grunde immer die gleiche runde Backware, mal mit Mohn, mal mit Kümmel überschüttet. Es gibt sicher Menschen, die alle im Regal schon einmal probiert haben. Wir gehören nicht dazu. In unserer Bäckerei steht seit einem Jahr ein Syrer hinter dem Tresen, dessen Deutsch noch nicht ausreicht, um alle Brötchen mit Namen zu kennen.

Also fragt er jeden, der reinkommt:»Wollen Sie normale?«
Die Kunden bestellen dann zwei normale und drei abnormale, wobei sie mit dem Finger auf die Abweichler zeigen.
Die Türken in der Halal-Welt verstehen weder etwas
von Brötchen noch von Speck. Doch auch sie haben eine
Schwäche für ein bestimmtes Produkt, von dem sie nie genug bekommen können. Was für Russen der Speck und für
Deutsche die Brötchen, sind für Türken die Oliven. Über
zweihundert Sorten stehen in einem endlosen Regal. Es gibt
sie in Grün und Schwarz, groß und klein, mit und ohne
Kern, mit viel und mit wenig Salz, prall und abgemagert.

Und so sieht das internationale Frühstück meiner Mutter aus: Sie legt die abgemagerten Gemlik Oliven in eine
Schale, schneidet abnormale Brötchen auf und legt eine
Scheibe vom würzigen Kosaken dazwischen. Mutters Katze
bekommt auch eine Scheibe Speck und gurrt beim Fressen,
als wäre sie eine Taube. Außerdem liebt Mutters Katze Oliven. Sie fischt ein paar aus der Schale, um damit Rugby zu
spielen. Sie kickt die Oliven quer durch die Wohnung unter
den Schrank und setzt sich davor in der Hoffnung, dass sie
irgendwann von allein wieder herausrollen. Das ist aber bis
jetzt noch nie passiert. Meine Mutter versucht, sie abzu-
lenken, ruft »Kis-kis-kis« und möchte sie mit dem Brötchen ködern. Doch Wassilissa ist eine nordamerikanischer
Maine-Coon-Katze, von Oliven-Rugby besessen und an
deutschem Brot überhaupt nicht interessiert.

Frag deine Eltern

Früher hat die ältere Generation ihre Schätze an die Jungen weitergegeben. Großmütter verschenkten ihren Schmuck an ihre Töchter und Enkelinnen, Großväter gaben ihre Waffen an die jungen Männer in der Familie weiter. Nun hat sich die Zeit gedreht. Die Jüngeren beschenken die Alten, und Kinder müssen die Verantwortung für ihre Eltern übernehmen.

Ich glaube, das Schicksal aller Omas ist, dass sie irgendwann das alte Smartphone des Enkelkindes bekommen. Die Schenkung erfolgt nicht immer freiwillig. Das Enkelkind wehrt sich, es stellt pathetische Fragen: »Wozu braucht Oma überhaupt ein Smartphone, alle ihre Freundinnen sind doch analog? Sie kann mit ihnen auch direkt kommunizieren!«

Das Enkelkind muss überredet werden und bereitet sich gründlich auf die Telefonübergabe vor. Es löscht alle Fotos, Videos und Kontakte, entfernt alle offenen Accounts bei Tinder und Instagram und stellt währenddessen weiterhin den Sinn der Schenkung infrage, weil Oma angeblich der technischen Herausforderung gar nicht gewachsen ist. Die

Oma aber will auf der Höhe der Zeit sein, sie will auch Selfies mit ihrer Katze machen und die Bilder ihrer Schwester nach Moskau schicken. Die Moskauer Schwester hat ebenfalls eine Katze und bereits vor zwei Jahren ein Smartphone von ihren Enkelkindern bekommen. Sie wundert sich schon die ganze Zeit, warum sie mit ihrer Schwester in Berlin nicht skypen und whatsappen kann.

Meine Mutter hatte die Vorzüge der neuen Technik relativ schnell kennengelernt und verinnerlicht. Sie hatte nämlich ihre Freundinnen konsultiert, von denen die meisten bereits solche Geräte besaßen. Sie zeigten meiner Mutter, welche nützlichen Programme sie herunterladen könne, die für das alltägliche Leben unabdingbar waren: Routenplaner, Gehirntrainer, Schrittzähler, Schachspiel, Kalender und Astro-Typologie mit Sternzeichendeutung. Das Herunterladen verlief jedoch nicht ganz reibungslos. Plötzlich erschien auf Mamas Telefon der Befehl: »Frag deine Eltern, ob du dieses Spiel spielen darfst.«

Gleichzeitig bekam ich auf mein Telefon die Nachricht: »Achtung! Dein Kind will spielen. Zulassen oder verhindern?«

Der Kinderschutz, den wir vor Jahren installiert hatten, machte mich plötzlich zum Elternteil meiner eigenen Mutter. Wie konnte ich diese Einstellung löschen? Ich bin schon mehrmals an solchen Aufgaben gescheitert. Ob beim Elektroherd oder bei der Waschmaschine, es ist beinahe unmöglich, diese blöden Kindersicherungen zu knacken. Nur Kinder können das ohne Probleme, Erwachsene geben zu schnell auf. Das Gleiche passierte nun mit dem Telefon. Ich weiß noch, dass wir uns damals vor vielen Jahren ein extra kluges Passwort für den Kinderschutz ausgedacht, aber auch schnell wieder vergessen hatten. Das Kind hatte das Passwort wahrscheinlich sofort geknackt, aber inzwischen auch vergessen.

Ich habe mit Passwörtern ohnehin Pech. Als der Sicherheitswahn ausbrach, hatte ich den großartigen Einfall, meine alte Moskauer Telefonnummer als universelles Passwort für alles zu benutzen. Doch im Laufe der Zeit stiegen die Sicherheitsanforderungen ständig, und die Telefonnummer wurde nicht mehr als passworttauglich befunden. Also musste ich meine alte Telefonnummer mit irgendwelchen Buchstaben und Sonderzeichen vervollständigen, bis sie nicht mehr zu erkennen war und ich mir die neue Zeichenreihenfolge nicht mehr merken konnte. Ich hatte mir Notizen gemacht, die neuen Passwörter aufgeschrieben, aber vergessen, wo ich sie aufgeschrieben hatte. Dann habe ich sie wiedergefunden, wusste aber nicht mehr, wofür sie jeweils waren. Als Ergebnis habe ich jetzt eine große Tafel an der Wand, die mit undurchsichtigen Zahlen-, Zeichen- und Buchstaben-Kombinationen vollgeschmiert ist, eine Weltformel, welche die Ausdehnung des Universums mathematisch erklären soll, aber total unleserlich geworden ist. Und immer wieder schaut meine alte Moskauer Telefonnummer aus der Formel heraus, sichtlich verwirrt, wie sie in dieses Universum hineingeraten ist.

»Frag deine Eltern, ob du das spielen darfst.« Diese immer wieder erscheinende Ansage auf ihrem Telefon versetzte meine Mutter in eine Starre. Ihre Eltern waren schon sehr lange tot, sie hatte niemanden, den sie fragen konnte. Eigentlich sollte die Aufforderung lauten: »Frag deine Kinder!« Das hat meine Mutter dann auch getan. Sie fragte mich, ob ich das Passwort für den Kinderschutz kennen würde. Ich kannte es nicht. Ich fragte ihre Enkel. Die haben laut gelacht und den Kopf geschüttelt. Also suchten wir mit Mama zusammen in meinem Gerät nach einer Lösung. Als Hilfsangebot unter »Passwort vergessen« stand, man solle die Sicherheitsfrage beantworten: »Wie hieß dein erstes Haustier?«

»Woher sollte das Telefon wissen, wie mein erstes Haustier hieß? Vor achtzig Jahren gab es ja noch gar kein Internet!«, wunderte sich meine Mutter und tippte »Weißafrikaner« ein. Damals vor dem Krieg, als sie noch ein kleines Mädchen war, hatten sie und ihre beste Freundin ein kleines Kätzchen im Heizungskeller gefunden. Das Kätzchen war pechschwarz, sie nannten es »Afrikaner« und nahmen es mit nach Hause. Kaum war es in der Küche, leckte sich der Afrikaner ganzkörperlich ab und wurde weiß mit feinen grauen Flecken. Also ist er Weißafrikaner geworden.

Das Telefon reagierte nicht.

»Frag deine Eltern«, stand nach wie vor auf dem Bildschirm.

»Es geht nicht um dein Haustier, Mama«, klärte ich sie auf. »Das Telefon kann natürlich unmöglich wissen, wie dein erstes Haustier hieß, es kann nur über Informationen verfügen, die wir Menschen ihm eingegeben haben. Von deinem Haustier kann also nicht die Rede sein.«

Bestimmt war eines unserer Haustiere gemeint. Nur welches? Wir hatten im Laufe der Zeit sehr viele Tiere – Katzen, Meerschweinchen, Chinchillas. Einmal hatten wir auch vier Hamster auf dem Hof, die Beatles hießen. Sie lebten allerdings nicht lange. John verschwand eines Tages plötzlich aus dem Holzhäuschen, ohne uns Auf Wiedersehen zu sagen. Paul und George kämpften die ganze Zeit, sie mussten schließlich getrennt und in gute Hände gegeben werden. Am längsten hat es Ringo in dem kleinen Holzhäuschen auf dem Hof ausgehalten.

Zu Hause in der Küche hatten wir ebenfalls einen Nager, der es auf das Stromkabel des Kühlschranks abgesehen hatte. Einmal fand er einen abgefallenen Kühlschrankmagneten mit Venedig-Motiv, den er in seiner Backe versteckte, woraufhin er vom Kühlschrank angezogen wurde. Wir wunderten uns nicht schlecht, als wir das Tier mit dem Kopf an der Kühlschranktür kleben sahen, und nannten ihn ab sofort Magneto. Danach hatten wir die schusselige Chinchilla

Dulcinea, die Katze Martha und den Kater Fjodor Dostojewski, der durch seinen ernsten Blick und bösen Charakter dem russischen Schriftsteller ähnelte. Wir tippten alle Namen, die uns einfielen, ins Telefon, aber es kam immer auf das Gleiche heraus: »Frag deine Eltern«, antwortete das stupide Gerät.

Nach einiger Zeit ließen wir es sein. Ich überwachte nun die Netzaktivitäten meiner Mutter und genehmigte ihr natürlich fast alles. Obwohl ich mich bei manchen Sachen schon fragte, ob sie gut für Mama waren, all diese Wahrsager, Sterndeuter und Kartenspiele. Die Zeit hatte sich wahrlich gedreht. Eine neue Welt tat sich für meine Mutter auf. Man konnte ja inzwischen Haustiere und Babys als Apps herunterladen, man konnte auf Weltreise gehen, ohne das eigene Bett zu verlassen, und sich wieder wie ein Kind fühlen, das seine Eltern stets fragen muss. Und ich bin zum Elternteil meiner eigenen Mutter geworden.

Die (unendlich) erträgliche Schwierigkeit des Seins

Das Alter verdirbt den Charakter. Die Freundinnen meiner Mutter, alle weit über achtzig, klagen ständig über die Schwierigkeit des Seins. Die Straßen sind ihnen zu lang, die Treppen zu rutschig, der Kaffee zu kalt oder auch zu heiß. Und trotzdem gehen sie ständig aus – ins Theater, in die Philharmonie, zum Flamenco-Festival oder zum Don Kosaken Chor. Sie haben Karten für jeden Tag. Manchmal vergessen sie, dass sie schon welche haben, und kaufen sie doppelt. Dann versuchen sie, die überflüssigen Karten an andere Omas zu verticken. Ihre Lebensneugier kennt keine Grenzen, am liebsten würden sie sofort auf Weltreise gehen.

Besonders aktiv als Spätreisende ist die beste Freundin meiner Mutter, Tante Inge. Obwohl sie sogar auf den Berliner Straßen dauernd die Orientierung verliert, war sie vor Kurzem alleine in China. Wir dachten schon, wir hätten sie verloren. Vor einem Jahr hatte Tante Inge einen Mini-Schlaganfall und musste daraufhin ihren Führerschein abgeben. Die Ärzte meinten, ihr seitliches Sehfeld hätte gelitten. Sie konnte die Straße direkt vor sich gut erkennen, was aber links und rechts geschah, entging ihrer Aufmerksamkeit. Tante Inge gab den Schein ab, meldete sich aber bei einer Fahrschule an in der Hoffnung, ihren Führerschein später wiederzubekommen. Die hinterhältigen Fahrlehrer gaben ihr großzügig Fahrstunden, obwohl sie genau wussten, dass das mit dem Führerschein nichts mehr werden würde. Allerdings hatten sie ihr das ja auch nie versprochen. Irgendwann sah Tante Inge es ein und gab auf. Die Schuld für ihr Scheitern schob sie der Stadt Berlin in die Schuhe: zu schlecht beleuchtet, zu viele Autos auf den Straßen.

Eine weitere Folge ihres Schlaganfalls war, dass Tante Inge auf einmal die Musikstücke in der Philharmonie nicht mehr voneinander unterscheiden konnte. Egal was das Orchester spielte, für ihre Ohren hörte sich alles gleich laut und chaotisch an. Moderne Musik, dachte sie zuerst. Einmal fasste sie jedoch Mut und fragte den Dirigenten, ob es ihn und sein Orchester nicht langweile, fünfmal hintereinander dasselbe Weihnachtslied zu spielen. Der Dirigent zeigte sich mehr als empört und schaute sie dermaßen schräg an, dass Tante Inge sich nicht traute, ihn weiter über das einfältige Programm auszufragen, und ihr Abo kündigte. Zu laute Musik, zu viele Instrumente, klagte sie.

Dafür schenkte ihr Sohn Markus ihr zum 85. Geburtstag eine Reise nach China: drei Wochen, fünf Städte, das Mao-Mausoleum, die Terrakotta-Armee und eine Wanderung entlang der Chinesischen Mauer. Anscheinend wollte der Sohn seine Mama loswerden, dachten wir. Tante Inge fragte ihren Arzt, ob eine solche Reise nicht gefährlich sei.

»Ganz und gar nicht«, meinte der Arzt. »Machen Sie ruhig, fliegen Sie!« Anscheinend hatte auch er wie der Sohn die Nase voll von Tante Inge.

Wir aber machten uns Sorgen. »Könntest du uns zwischendurch eine E-Mail oder eine SMS schicken?«, baten wir sie vor der Abreise.

»Natürlich kann ich das!«, sagte Tante Inge und verschwand für drei Wochen vom Bildschirm.

Ende Januar meldete sie sich zurück, mit 1000 Fotos. Mit einer Rentnergruppe war sie durch ganz China gereist, geführt von einem chinesischen Reiseleiter, der weniger gut zu Fuß war als so mancher fitnessgestählte deutsche Urgroßvater und sich ständig irgendwo hinsetzen wollte. Nur dreimal ging unsere Tante Inge in China verloren. Einmal, als sie einen schönen Palast fotografieren wollte und es ewig dauerte, bis sie den Fotoapparat in Stellung gebracht hatte, sodass sie den Anschluss an ihre Gruppe verlor. Ein andermal lief die Gruppe an der Chinesischen Mauer entlang, und Tante Inge wollte bloß einmal kurz gucken, was auf der anderen Seite war. Sie kletterte auf ein Türmchen und stieg wohl auf der falschen Seite wieder herunter.

»Na gut«, dachte sie, »irgendwo wird es einen Übergang auf die richtige Seite geben. Am nächsten Türmchen vielleicht.« Da könnte sie sich mit ihrer Reisegruppe wiedervereinigen. Sie lief also an der Mauer entlang, bis es dunkel wurde. Später erfuhr sie, dass diese Mauer sehr lang sein sollte, länger als ihre deutsche Schwester je gewesen war.

Beim dritten Mal war sie in einem chinesischen Restaurant nur kurz auf die Toilette gegangen, und als sie herauskam, stand sie in einem anderen Restaurant, und eine andere Reisegruppe saß am großen Tisch. Egal, dachte sie. Allerdings kam diese Gruppe gar nicht aus Deutschland, wie Tante Inge feststellte, nachdem sie mit den Fremden sehr nett zu Mittag gegessen hatte. Anscheinend befand sich die Toilette in einem Zwischengebäude, das mehrere Lokale nutzten.

Glücklicherweise hatte der chinesische Reiseführer Tante Inge gleich am ersten Tag aus Sicherheitsgründen eine chinesische Telefonnummer mit geheimnisvollen Schriftzeichen auf ein Schild geschrieben und es ihr um den Hals gehängt. Jedes Mal, wenn sie die Orientierung verlor, brauchte sie nur einem Einheimischen das Schild zu zeigen. Der lachte dann, wählte die Nummer auf dem Schild und ließ Tante Inge abholen. Was genau auf dem Schild stand, wusste die Tante nicht.

Schon ein freundliches Land, lautete ihr Fazit. Aber das Essen schmeckt komisch, und es gibt zu viele Chinesen.

Freitag, der 13.

In der Sowjetunion haben wir in der Schule gelernt, dass nichts einfach so geschieht, sondern sich alles dialektisch entwickelt. Jedes gestörte Gleichgewicht, jede verlorene Balance muss wiederhergestellt werden. Die Welt strebt ständig nach Harmonie. Wie Samuel Beckett es einmal treffend formulierte: »Die Tränen der Welt sind unvergänglich. Für jeden, der anfängt zu weinen, hört ein anderer irgendwo auf.« Insofern war es nur logisch, dass mit dem Ende des Kalten Krieges sofort die Erderwärmung begonnen hat. Der Kalte Krieg hatte den Planeten abgekühlt. In Russland froren wir ständig und hatten deswegen auch kein besonders abwechslungsreiches Abendprogramm. Es war nämlich nicht leicht, abends auszugehen, wenn man tagsüber fror.

In Berlin war es vor der Wende auch kalt und nass, berichten mir die Alteingesessenen. Jetzt aber ist es hier sogar im Herbst deutlich wärmer als je zuvor, und alle sind unterwegs: die Alten in die Philharmonie, die Jungen zu Demos. Meine erwachsenen Kinder gehen jeden Freitag mit tausend anderen gegen den Klimawandel und für einen besseren Umweltschutz demonstrieren. Diese Problematik ist aus den Händen der Erwachsenen in Kinderhände gerutscht. Millionen demonstrieren weltweit. Ihre Anführerin, das Mädchen Greta aus Schweden, ist um den ganzen Globus gereist, um die Menschheit anzuheizen. Sie hat bei den Vereinten Nationen gesprochen und gesagt, die Erwachsenen hätten ihr ihren Traum geklaut, einen Traum von einer besseren Zukunft auf einem sauberen Planeten. Nun hat sie stattdessen Albträume.

Man muss dazu sagen, dass sich die Träume nach Ende des Kalten Krieges grundsätzlich verändert haben. Besonders was Zukunftsvisionen betrifft. In den Sechzigerjahren, als meine Mutter und ihre Freundin Tante Inge noch jung waren, träumten sie von einer hellen Zukunft – von der Eroberung des Weltalls im Allgemeinen und von der großen Liebe im Besonderen. Heute heißen Zukunftsträume »Albträume«.

Meine Mutter hat neulich im Traum sogar mit ihrer Katze gesprochen. Angefangen hatte alles mit einem geplanten Ausflug in die Philharmonie. Meine Mutter und Tante Inge hatten für den 13. September Karten für *Roméo et Juliette* von Hector Berlioz. Beide Frauen lieben Hector Berlioz.

»Vergiss bitte nicht, dass wir Karten für Freitag, den 13. September, haben«, sagte Mama zu Tante Inge, die immer alles vergaß.

»Ich bin doch nicht blöd, ich vergesse nie etwas«, erwiderte Tante Inge.

Sie verabredeten sich um halb sieben vor dem Haupteingang. Meine Mutter war schon etwas früher da, doch sie wartete vergeblich. Tante Inge hatte nicht vergessen, dass sie Karten für den 13. September hatte. Sie hatte bloß vergessen, dass an diesem Tag der 13. September war.

»Ich kann mit niemandem mehr reden, die Leute vergessen sofort alles. Ich rede die ganze Zeit sowieso nur noch mit meiner Katze«, beschwerte sich Mama abends bei mir in der Küche.

In der Nacht danach träumte sie, ihre Katze Wassilissa wäre plötzlich unheimlich intelligent geworden und hätte mit ihr in eine Ballettaufführung zur Musik von Hector Berlioz gehen wollen. Mama packte schon die Tasche und überlegte, was Wassilissa in die Philharmonie anziehen könnte, denn unbekleidet dorthin zu gehen wäre ein wenig unschicklich. Aber dann fiel ihr im Traum ein, dass die Philharmoniker an diesem Tag vielleicht gar nicht spielten, weil es nicht der 13. September war. »Weißt du, Wassilissa, was heute für ein Tag ist, und ob es überhaupt eine Aufführung gibt?«, fragte meine Mutter ihre Katze im Traum. Die Katze sagte »Hahaha!« Sie lachte nur laut, statt zu reden.

Die Träume der Alten sind komisch geworden, und die Jugend weiß nicht, wovon sie noch träumen soll. Für sie ist die Eroberung des Weltalls pure Umweltverschmutzung, und von der großen Liebe wird mit großer Skepsis gesprochen. Meine Tochter meinte neulich, alle ihre Freundinnen, die einen sogenannten »festen« Freund hätten, würden schnell uninteressant, spießig und langweilig: »Sie gehen überhaupt nicht mehr auf Demos, sitzen stattdessen mit ihren Liebsten zu Hause und starren die Glotze an. Sie bewegen sich auch langsamer und werden immer dümmer, je länger sie den Freund haben. Irgendwann heiraten sie und kriegen Kinder. Was wird dann aus unserem Klima?«, fragte uns die Tochter pathetisch.

Die Freundinnen meiner Mutter haben inzwischen ein langes Leben hinter sich. Sie glauben nicht an die Erderwärmung. »Es war schon immer so – mal wärmer und mal kälter«, argumentiert Tante Inge, die Präsident Trump von ganzem Herzen mag und unterstützt. Seine Wissenschaftler hatten nämlich unlängst erklärt, dass die Erde nicht immer exakt die Kurve kriegt und ein wenig von der Achse abkommt, weil sie sich ständig im Kreis dreht. Das ist nun mal so. Und wenn sich die Drehachse von der Sonne entfernt, frieren bei uns sofort die Pfützen ein, und die Mammuts sterben aus. Nähert sich unser Planet der Sonne, steigt der Meeresspiegel, die Arche Noah wirft ihren Anker auf dem Berg Ararat aus, und die Wassermelonen schmecken nach nichts.

Als Zeichen der Wiedergutmachung für die verlorenen Konzertkarten kam Tante Inge eine Woche später mit einer großen Wassermelone zu meiner Mutter.

»Die beste Reifezeit für Wassermelonen ist die dritte Septemberwoche«, zitierte sie aus der alten sowjetischen Gartenbroschüre *Die Hauptmerkmale und Reifekategorien der Beeren.* In meiner alten Heimat kannte man Wassermelonen nämlich als Beeren. »Das Schwänzchen der Wassermelone sollte trocken und zerbrechlich sein, die Bäckchen nicht sehr groß und gleichmäßig gefärbt. Beim Aufschneiden sollte es knacken.«

In Mamas Küche war es genau, wie es in der Broschüre stand: das Schwänzchen trocken, die Bäckchen gut gefärbt, es knackte ordentlich beim Aufschneiden, doch der Geschmack der Melone fehlte. Es war pures Wasser.

»Anscheinend hat sich die Achse tatsächlich verschoben, und alle Wahrheiten haben sich in Lügen verwandelt«, staunte Tante Inge.

Das Enkelkind schaute vorbei, wollte die Melone aber auch nicht kosten. Sie war nämlich wieder auf einer Demo gewesen, danach hatten sie Party gemacht und Bierkastenlauf gespielt mit drei Mannschaften und drei Kästen Bier. Es war darum gegangen, wer es am schnellsten von der Greifswalder Straße bis zum Ostkreuz schaffte und den Kasten dabei leerte. Danach waren sie noch in einen Club gegangen, hatten Glitzer in die Luft geworfen und Börek mit Spinat gegessen. Jetzt musste sie am nächsten Tag zur Uni und wusste nicht, wie sie dieses Glitzerzeugs aus den Haaren wieder herausbekommen sollte.

Freitag, der 13.

»Mach dir keine Sorgen, Oma! Bald ist Weihnachten. In der Kaufhalle liegen schon Marzipan und Lebkuchen in den Regalen, bald wird die ganze Stadt leuchten. Überall werden betrunkene Weihnachtsmänner herumlaufen, es wird kalt und dunkel, und die Erdachse rutscht auf den richtigen Platz zurück. Dann schmecken auch die Melonen wieder«, sagte das glitzernde Großstadtkind und drehte sich eine Zigarette.

Pflegestufen

Jeden zweiten Sonntag trifft sich Mama mit Freundinnen aus ihrer Kulturgruppe. Eigentlich ist es die ehemalige Englischgruppe der Volkshochschule Berlin-Lichtenberg, wo meine Mutter jahrzehntelang Englisch gelernt hatte, bis die Lehrerin vor zwei Jahren in Rente ging. Die Gruppe blieb danach zusammen und besteht mittlerweile aus fünf Omas und einem Frank. Sie treffen sich alle paar Wochen, um ihre kulturellen Aktivitäten und alltäglichen Sorgen zu besprechen.

»Du brauchst eine Pflegestufe«, redeten die Freundinnen meiner Mutter zu. Mama meidet Stufen, kann Treppen nicht leiden, aber sonst ist sie eigentlich ganz fit. Doch steter Tropfen höhlt den Stein.

»Ich mache mir Sorgen, Wladimir«, beschwerte sie sich eines Tages. »Du bist viel unterwegs, und manchmal an besonders kalten Tagen habe ich überhaupt keine Kraft aufzustehen. Da liege ich im Bett und denke, was ist, wenn mir etwas zustößt? Wer kümmert sich dann um die Katze? Wer gießt die Pflanzen? In meinem Alter könnte ich eine leichte

Pflegestufe beantragen. Mir würde es ja schon reichen, wenn einmal die Woche jemand vorbeikäme, sauber macht und nachschaut, ob alles in Ordnung ist«, meinte meine Mutter. Zwei Freundinnen aus ihrer Kulturgruppe, Gitti und Renate, hatten einen entsprechenden Antrag gestellt, obwohl die eine einen Hund hatte, der auf sie aufpasste, und die andere sogar einen Mann, eben Frank. Zwar waren die beiden gar nicht offiziell verheiratet, aber gemeinsam schon gut in der Welt herumgekommen. Einmal waren sie sogar in Guatemala gewesen, wo Renate aus der offenen Bustür gefallen war. Gerade planten sie eine Reise nach Japan, ins Land der aufgehenden Sonne. Renate war trotz ihres hohen Alters eine abenteuerlustige Frau und hatte große Lust auf die Welt da draußen. Worauf sie überhaupt keine Lust hatte, war, ihre Wohnung zu putzen und Kleider zu bügeln. Deswegen hatte sie beschlossen, egal was kam, eine Pflegestufe zu beantragen. Sie hatte sich auf den Besuch des Gutachters richtig vorbereitet. Sie hatte ihren Mann weggeschickt, der Wohnung extra eine etwas verwahrloste Optik verpasst, Joghurt auf den Küchentisch gekippt und ihre Windeln aus der Trainingshose hängen lassen, um bei dem Gutachter der Krankenkasse den Eindruck zu erwecken, es gehe mit ihr bergab, und sie könne sich nicht einmal mehr selbstständig anziehen.

Sie hatte sich in Internetforen kundig gemacht und wusste, dass man bei einem solchen Gespräch unbedingt die

Schamgrenze überwinden und dem Gutachter offen seine Krankheiten und Gebrechen schildern musste, je schlimmer desto besser. Also erzählte sie auf jede Frage des Gutachters von ihrer Inkontinenz und dass sie nicht mehr imstande sei, die Unterhose zu wechseln. Der Gesundheitsprüfer bekam nicht einmal ein Glas Wasser von ihr, weil sie nicht genug Kraft hatte, um eine Wasserflasche zu öffnen. Er ekelte sich davor, seinen schicken Laptop auf ihrem Küchentisch aufzuklappen, und musste ihn die ganze Zeit auf dem Schoß jonglieren, während er seine Kreuze machte und Punkte setzte.

Zum Abschied gab er Renate die Hand. Doch sie war auch darauf perfekt vorbereitet. Sie hatte im Netz gelesen, dass die Gutachter viel davon abhängig machten, wie kräftig der Händedruck des Pflegebedürftigen war. Also schüttelte Renate ihm nicht die Hand, sondern winkte nur etwas abwesend, als wäre sie mit der Welt fertig und bereits mit einem Fuß auf der Wolke.

Eine Woche später hatte sie ihre Pflegestufe und damit jemanden, der ihr die Wohnung putzte und die Kleider bügelte.

»Das schaffst du locker auch«, meinte Renate zu meiner Mutter.

Mama hörte sich die Empfehlungen der Freundin mit Skepsis an, ging aber zu ihrer Hausärztin, erhielt eine schriftliche Bestätigung für all ihre Krankheiten und stellte den Antrag. Drei Tage später bekam sie Besuch. Ein adretter junger Mann stand vor der Tür, wurde eingelassen, marschierte in die Küche, klappte seinen Laptop auf dem Küchentisch auf und begann die Untersuchung. »Können Sie sich selbstständig waschen, und wann haben Sie es das letzte Mal getan?«, fragte er.

Was sollte meine Mutter darauf antworten? »Ich habe mich seit einem Jahr nicht mehr gewaschen«? Sie sagte also die Wahrheit: Dass sie sich waschen kann, obwohl sie dabei oft Schmerzen hat und es ihr nicht leichtfällt.

»Und können Sie sich ohne fremde Hilfe anziehen? Beugen Sie sich bitte einmal nach vorne. Nach links! Nach rechts! Können Sie sich die Schnürsenkel binden? Und könnten Sie mir bitte einen Kaffee kochen? Und ein Butterbrot schmieren? Oh, Sie haben ja sogar Kuchen. Haben Sie den selbst gebacken? Darf ich probieren? Da haben Sie aber einen großartigen Kuchen gemacht!«

Meine Mutter war vom Charme und den Komplimenten des Gutachters überrumpelt. Sie plauderte das Rezept des Kuchens aus und verriet ihm vertrauensselig die kleinen Tricks, die sie gelernt hatte, um ihren Alltag zu bewältigen. Beispielsweise dass sie beinahe jede Wasserflasche mithilfe eines Nussknackers öffnen konnte und sich mit einem Messer behalf, um den Kühlschrank aufzumachen, wenn die Tür wieder einmal klemmte.

Der Gutachter schien von meiner Mutter sehr angetan und begeistert zu sein. »Ich kann ja fast nicht glauben, dass

Sie, liebe Frau Kaminer, schon achtundachtzig sind. Für Ihr Alter sehen Sie nämlich so was von jung aus und scheinen in bester Form zu sein.« Der Mann strotzte vor Lob. »Respekt, Frau Kaminer! Sie machen das alles ganz großartig! Darf ich Ihnen die Hand schütteln?« Meine Mutter drückte ihm fest die Hand.

Der junge Mann von der Krankenkasse hat meine Mutter mächtig beflügelt. Sie bekam zwar keine Pflegestufe, fühlte sich aber nach dem Besuch des Gutachters unvergleichlich besser. »Der hat mit mir großartige Gymnastik gemacht«, meinte sie. »Da habe ich gemerkt, wie sehr mir eine sportliche Beschäftigung fehlt. Ich glaube, ich brauche tatsächlich keine Pflegestufe, ich gehe vielleicht stattdessen zum Yoga. Der junge Mann hat mir Mut gemacht. Ich bin vielleicht körperlich etwas geschwächt, aber geistig bin ich stark, und das ist das Wichtigste überhaupt«, berichtete meine Mutter in ihrer sonntäglichen Frauenrunde.

»Du bist körperlich geschwächt und geistig strohdoof«, erwiderte Renate. »Deswegen bekommst du auch keinen Pflegeantrag genehmigt. Du bist der Ausstrahlung dieses Mannes erlegen. Hättest du bloß an deine Katze gedacht. Ich habe sofort durchschaut, dass diese Menschen Bürokraten sind, die nur eins im Sinn haben: Kosten zu sparen. Deswegen habe ich jetzt eine Pflegestufe und du nicht.«

»Aber was ist«, wollte meine Mutter wissen, »wenn deine Krankenkasse nun erfährt, dass du nach Japan fliegst, ins

Land der aufgehenden Sonne. Und zwar ganz ohne Pflege? Wer soll dort deine Windel wechseln?«

»Ahaha!«, lachte Renate. »Du glaubst jetzt nicht im Ernst, die von der Krankenkasse würden sich Sorgen wegen Japan machen? Gar einen Gutachter hinschicken, um zu sehen, ob es mir dort gut geht? Nein, meine Liebe, sie werden denken, soll diese Renate unseretwegen das ganze Land vollpullern. Die Japaner werden schon nicht untergehen in ihrer aufgehenden Sonne, die sind schließlich Naturkatastrophen gewöhnt. Und du, meine Liebe, brauchst eine Pflegestufe.«

Die Besonderheiten
der vietnamesischen Küche

Das politische Modell eines Europa der zwei Geschwindig-
keiten halte ich für wenig erfolgversprechend. Aus eigener
Erfahrung weiß ich, wenn zwei Teile einer Gruppe unterschiedlich schnell sind, driften sie immer weiter auseinander und kommen nie zusammen. Wenn ich beispielsweise
mit jungen und alten Familienmitgliedern essen gehe, läuft
immer irgendetwas schief. Sie haben unterschiedliche An-
fahrtszeiten, und jeder hat beim Reden, Gehen oder Kauen
ein eigenes Tempo. Ihre Essgewohnheiten und ihre Geschmäcker unterscheiden sich ebenfalls gewaltig. Für meine
Mutter spielt die Festigkeit des Essens eine herausragende
Rolle. Die Zahnärztin, die ihr Gebiss im vorigen Jahrhundert angefertigt hat, hatte schon damals das gesetzliche
Renteneintrittsalter überschritten und schon längst keine
offizielle Sprechstunde mehr. Aber um eine neue Ärztin zu
suchen, fehlte meiner Mutter das Vertrauen in die moderne
Medizin. Allerdings haben ihre Zähne im Laufe der Zeit
etwas an Schärfe und Bissigkeit verloren. Außerdem ver-
ändern sich die Geschmacksnerven mit dem Alter, und was

einem früher immer geschmeckt hat, reizt einen plötzlich nicht mehr. Meine Mutter möchte aber oft nicht zugeben, dass ihr am Essen etwas nicht gefällt. Sie will sich nicht beschweren, sondern erlaubt sich höchstens eine diplomatische Bemerkung:

»Übrigens, diese Aubergine schmeckt heute irgendwie komisch. Vielleicht hätten Sie eine andere?«, fragt sie den Kellner, der leider keine andere Aubergine für die Mutter hat.

Die Enkelkinder verstehen die Sorgen der Oma nicht. Sie stopfen ihr Essen schnell in sich hinein und sind in der Regel fertig, noch bevor die Oma das Wort »Aubergine« zu Ende gesprochen hat. Sie warten bereits auf das Dessert.

Angesichts dieser Schwierigkeiten suchen wir für ein gemeinsames Essen eine Küche mit dem Schwerpunkt Suppe, damit jeder auf seine Kosten kommt. Die Suppe muss reichhaltig, heiß und sättigend sein und möglichst viele Zutaten und Kräuter haben, damit jedes Familienmitglied darin etwas Passendes findet. Zum Glück hat die asiatische Küche unseren Bezirk, ja sogar ganz Berlin, längst erobert. Sie taugt perfekt für Jung und Alt, mit Ausnahme des nepalesischen Streetfood-Restaurants Everest direkt im Erdgeschoss unseres Hauses. Beim Verlassen dieses Restaurants muss man einen goldenen Buddha dreimal im Uhrzeigersinn drehen: für Glück, Reichtum und eine bessere Verdauung, wie mir der nepalesische Kellner vertrauensvoll erzählte.

Der Laden hatte erst vor Kurzem aufgemacht und galt selbst bei meinen Kids, die sonst für jede neue Gastronomie offen sind, als »zu exotisch«. Bei dem Nepalesen werden dem Gast nämlich auf einem großen hölzernen Tablett allerlei Gaben der Natur serviert, wie sie vor der Erfindung der Mikrowelle aussahen: rohe Erbsen, Nüsse und Körner, verfeinert mit irgendwelchen Tierhaaren, und zu Staub zermahlene Reiskörner auf sehr dünn zusammengepressten Blättchen, die mal dunkelrot und mal hellblau angemalt sind. Ich hatte beim Verzehr der nepalesischen Köstlichkeiten schon einmal aus Versehen in die Serviette gebissen, weil ich dachte, sie gehöre zur Vorspeise. Wir haben diese Küche einige Male probiert, nicht aus Hunger, sondern aus Solidarität mit der jungen nepalesischen Republik. Wir sind aber zu dem Schluss gekommen, dass der Nepalese einfach noch etwas Zeit braucht, bis er sich an die europäischen Geschmäcker angepasst hat.

Weiter die Straße hinunter haben wir einen guten Koreaner und ein thailändisches Restaurant, beide kochen für die Mama jedoch zu scharf. Die perfekte Küche für die ganze Familie kommt aus Vietnam. Ihr Name hat nur drei Buchstaben, sie heißt *Pho*. Es handelt sich hierbei um eine Suppe, die Alt und Jung zumindest eine Zeit lang gut an einem Tisch zusammenhalten kann, vorausgesetzt sie wird richtig zubereitet. Wir haben allein auf unserer Straße ein Dutzend vietnamesische Restaurants, die diese Spezialität anbieten.

Die Besonderheiten der vietnamesischen Küche

Es gibt den anspruchsvollen Onkel Ho und den albernen Hipster Dong Huang, den Touristenladen Grüne Banane und das intelligente Hanoi Village. Sie alle stehen in einem internen Wettbewerb, wer die beste Pho-Suppe macht. Der wahre Pho-Meister ist sehr gut versteckt, aber wir befinden uns in einer privilegierten Situation. Vietnamesische Freunde meines Sohnes haben ihm die Adresse verraten. Sie kennen sie von ihren Eltern, und mein Sohn hat sie mir weitererzählt. Die beste Pho-Suppe wird nämlich nicht in dem schicken teuren Village zubereitet und nicht in dem ach so authentischen Enjoy Nguen, wo die Gäste ihre Suppe auf dem Boden und halb im Liegen auslöffeln, sondern in einem kleinen unscheinbaren Eck-Imbiss. Er hat nur zwei Tische mit Bänken vor der Tür. An der Hausfassade kleben Farbfotos von Salaten und Entengerichten, die Suppe ist nicht dabei. Sie steht auch nicht auf der Speisekarte. Um die Zaubersuppe zu bekommen, muss man in die kleine Küche gehen und zu dem freundlichen jungen Kellner ohne Vorderzähne laut und deutlich »Pho« sagen. Man muss das Wort allerdings richtig aussprechen, nur dann funktioniert es. Ich habe es ein paarmal vergeblich versucht und staunte jedes Mal, wie unterschiedlich man die gleichen drei Buchstaben aussprechen kann. Doch mein Sohn Sebastian beherrscht die Kunst der korrekten Aussprache und bestellt daher gleich für uns alle. Beim Pho-Auslöffeln beginnt die Oma ihr Lieblingsgespräch.

»Und? Hast du schon einen Freund beziehungsweise eine Freundin?«, fragt sie ihre Enkelkinder.

Für die junge Generation gehört die Zeit, als die Menschen sich einen Partner bzw. eine Partnerin suchten, sobald sie die Geschlechtsreife erreicht hatten, ins finsterste Mittelalter. Durch die sozialen Netzwerke sind sie mit unzähligen Gleichaltrigen verbunden. Sie gehen gerne gemeinsam tanzen oder auf Demos für eine bessere Welt, sie saufen zusammen die ganze Nacht durch. Direkte körperliche Kontakte, Liebe und Sex sind natürlich nicht ausgeschlossen, aber anstrengend und nicht unfallfrei. Und weniger konform als digitale Kommunikation. Diese Generation ist mit sexueller Aufklärung aufgewachsen, sie haben die #MeToo-Debatten verfolgt. Sie wissen, dass vieles, was in Pornofilmen als Selbstverständlichkeit inszeniert wird, im realen Leben gar nicht geht.

Ihre Beziehung zu Liebe und Sex erinnert mich ein bisschen an das Verhalten von Mutters Katze Wassilissa. Als sie einmal auf Mutters Balkon eine Maus gefangen hatte, spielte sie lange mit ihr. Ihr Stolz und die Begeisterung über den Fang waren groß, der Lockruf der Wildnis und ihrer Instinkte nicht zu überhören. Doch eine Bereitschaft, diese Maus mit all ihren Innereien, den Pfoten und dem Schwanz auf der Stelle aufzuessen, war nicht vorhanden. Wassilissa ist an rundförmiges Essen aus der Dose gewöhnt, am liebsten eine Pastete ohne Stückchen, weich und mit viel Gelee drauf, das man sich nachher schön von den Tatzen lecken kann. Bestimmt hätte sie auch eine Maus gefressen, wenn sie in Form einer Pastete mit Gelee auf Mutters Balkon gesessen hätte. Aber so wild und roh? Danke, nein.

Ich habe das Gefühl, Paare, ob Mädchen und Junge oder Katze und Maus, haben es heute nicht leicht. Sie müssen neu miteinander reden lernen.

»Ich möchte mich nicht in Abhängigkeit von einem Typen begeben, der seine maskulinen Klischees ausspielen will und von einer Frau erwartet, dass sie ihm dabei hilft und quasi als ›schwaches Geschlecht‹ mitspielt«, meinte meine Tochter. »Na, Schätzchen, wenn es dir in diesem Club nicht gefällt, können wir ja woanders hingehen.‹« So etwas habe sie satt!, erklärte sie.

Es gibt in ihrem Umkreis drei Arten von Beziehungen: Paare, die so tun, als würden sie einander kaum kennen. Mädchen, die immer fragen, ob ihr Freund auch mitkommen darf, so als wäre der Freund unzurechnungsfähig. Und andere, die bei jeder Party zusammensitzen, danach aber getrennte Wege gehen. Als vierte Variante gibt es auch noch welche, die ihre eigene Liebesbeziehung total anstrengend finden, ständig miteinander streiten, endlich Schluss machen und seitdem wunderbar als Nichtpaar zusammen ausgehen, zusammen essen und schlafen und Spaß haben an ihrem Leben als Nichtpaar.

»Und dann gibt es auch noch Lucas. Dem würde ich am

liebsten in die Eier treten«, sagt Nicole. Er verliebt sich jeden Monat neu und trennt sich wieder. Inzwischen will ihm die halbe Stadt in die Eier treten.

Nicole ist zurzeit auf Männer nicht gut zu sprechen. Sie hat in der Kneipe gekündigt, in der sie zwei Jahre lang als Kellnerin gejobbt hatte. Es war eine lustige internationale Gesellschaft mit einem pakistanischen Tellerwäscher, einem nigerianischen Kellner und einem türkischen Chef. Sie musste kündigen und zwar wegen sexueller Belästigung. Es war nicht der Pakistani und nicht der türkische Chef, der ihr auf den Geist ging, sondern der neue deutsche Koch, frisch verheiratet und glücklicher Vater eines kleinen Kindes. Jedes Mal, wenn sie zusammen arbeiteten, machte er idiotische Witze. Er sagte Sachen wie: »Das Dessert steht – und nicht nur das Dessert.« Oder er gab ihr einen Teller weiter und meinte dazu: »Ich schiebe es jetzt rein.« Wie lange kann man den gleichen blöden Witz machen?, dachte meine Tochter in der Hoffnung, am nächsten Tag würde sich der Koch wieder normal benehmen. Es wurde aber nicht besser, also kündigte sie.

Ihr Bruder Sebastian erzählte, wie er von seinem vietnamesischen Freund und dessen chinesischer Freundin zum besten Chinesen im Bezirk zum Essen eingeladen worden war. Sie hatten für ihn auch eine Freundin mitgebracht, damit sie nicht zu dritt waren. Die Freundin redete jedoch den ganzen Abend nur darüber, wo sie schon überall sexuell belästigt worden war. Als sie erfuhr, dass Sebastian gerne Sport macht und früher bei Lieferando gearbeitet hatte, erzählte sie, sie wäre schon von drei Lieferando-Fahrern belästigt worden. Auch im Fitnessstudio wurde sie angemacht. »Ich gehe ohne Reizgasflasche gar nicht mehr aus dem Haus«, behauptete das Mädchen. Den Rest des Abends versuchte mein Sohn, sich so wenig wie möglich zu bewegen und nichts Falsches zu sagen.

»Wie soll man unter diesen Umständen noch jemanden kennenlernen?«, regte er sich auf. »#MeToo hat das Zwischenmenschliche stark beeinflusst. Sollen nun alle Menschen gefragt werden, ob sie geküsst werden wollen, bevor man es tut? Wo bleibt da die Liebe?«, fragte der Junge pathetisch.

»Liebe ist einfach«, meinte Nicole. »Du brauchst nur einen Menschen zu treffen, dem du dich nicht erklären musst. Man handelt nach Gefühl. Und das Gefühl kommt von Herzen. Frag dein Herz, ob du küssen darfst. Dann weißt du Bescheid.«

»Und? Hat sie jetzt einen Freund?«, fragte meine Mutter nach und schaute mich an. »Das habe ich jetzt nicht ganz verstanden.«

Zwölf Weisheiten des großen Meisters Laotse

Wann hat ein Mensch seinen Charakter? Ist er angeboren oder anerzogen? Ist die Schule oder das Erbgut dafür zuständig? Da gehen die Meinungen auseinander. Man sagt, mit fünfzehn habe sich die Persönlichkeit bereits so verfestigt, dass kein Gott und kein Teufel sie noch ändern könnten. Das schaffen nur die Menschen selbst, wenn sie an sich verzweifeln. Oder vielleicht gelingt es einer Person, die in ihren Augen eine gewisse Autorität besitzt. Das sind natürlich nicht die Eltern, weil die von Elternliebe verblendet sind. Sie macht sie dumm und degradiert sie zu einem Trampolin für die Launen des Kindes. Ich glaube, kein Kind auf der ganzen Welt kann es sich verkneifen, auf den Eltern herumzutrampolinern. Es bietet sich einfach an.

Bei meinem Sohn scheint der chinesische Philosoph Laotse große Autorität zu genießen. Zumindest zitiert er ihn oft und gerne bei unseren regelmäßigen Erziehungsgesprächen. Es gelingt mir nicht, meinen Sohn unter vier Augen zu sprechen, der Chinese in seinem Kopf ist immer dabei. Mein Sohn hat vor zwei Jahren Abitur gemacht, die Noten waren so lala, aber der Junge ist gut drauf. Er kocht gern asiatisch, er trennt Müll, er geht zu Demos gegen den Klimawandel, treibt Sport, hat Muckis und einen Schnurrbart. Was er nicht hat, ist ein Plan, wie sein Leben weitergehen soll. Die Zukunft bleibt ungewiss. Dabei könnte er trotz schlechter Noten alles Mögliche studieren, sogar Jura in Frankfurt/Oder. Die Stadt wünscht sich mehr Studenten, deswegen kann man dort ohne Numerus clausus beinahe alle Studiengänge belegen. Man bekommt sogar eine Wohngeldprämie, wenn man in die Stadt zieht. Doch mein schnurrbärtiges Kind will nicht nach Frankfurt/Oder.

»Ich verstehe nicht, warum ich mich mit zwanzig festlegen soll, was ich mein restliches Leben lang mache«, regt er sich auf. »Ich könnte es noch verstehen, wenn wir infolge des Klimawandels in die Taiga auswandern und jeden Tag auf die Jagd gehen müssten. Wenn du, Papa, nichts mehr verdienen würdest und wir in finanzielle Not gerieten. Oder wenn die Nazis wieder die Macht ergreifen und wir über die Oder fliehen müssten. Aber zum Glück leben wir ja in Friedenszeiten, ich kann mich gut vom Kindergeld ernähren, und du musst auch keine Rehe fürs Abendessen schießen, sondern bloß kurze lustige Geschichten vorlesen. Ein toller Job! So einen hätte ich auch gern – etwas, das mir Spaß macht. Ich habe bloß noch nichts Passendes gefunden. Deswegen brauche ich Zeit zum Nachdenken und um mich zu orientieren. Wie der große Meister Laotse einmal sagte: ›Wer sich zu doll beeilt, wird nichts erreichen. Wer sich zwingt, wird keinen Erfolg haben, und wer nur auf andere hört, wird sich selbst verlieren.‹«

Ich weiß, dass mein Sohn wenig liest. Er schaut lieber Filme auf dem Laptop, hört Musik und hat drei Accounts bei Instagram, zu denen ich selbstverständlich keinen Zugang habe. Aber diesen Philosophen hat er irgendwo im Netz aufgeschnappt. Kein Wunder. Der Chinese füllt mit seinen Sprüchen das halbe Internet, seine Aphorismen hören sich an, als wären sie der Weisheit letzter Schluss, obwohl sie sich oft widersprechen.

Wer hätte gedacht, dass dieser Klugscheißer, der im 6. Jahrhundert vor Christus gelebt hat, dermaßen aktuell klingen kann. Ich glaube, seine Weisheiten sind in Wahrheit das kollektive Werk von Millennials: Junge Leute von heute haben garantiert daran mitgeschrieben, um ihre früh genommene Auszeit zu rechtfertigen und philosophisch zu unterfüttern. Bei Laotse findet man immer einen Spruch oder eine schmissige Parole, warum eine bestimmte aktive Lebenseinstellung kompletter Quatsch sei und nicht der Mühe wert.

»Du möchtest mich zu einem Studium verdonnern, das mir nicht liegt. Du möchtest, dass ich mich zum Beispiel für Jura oder BWL einschreibe«, fährt das Kind fort. »Ich frage dich, ganz ehrlich: Willst du wirklich die Anzahl der unfähigen Betriebswirte oder belanglosen Anwälte mehren und noch mehr davon in unsere arme Welt setzen, die sowieso schon bald vor Anwälten und Betriebswirten platzt? Damit tust du niemandem einen Gefallen! Ich bin für diese Berufe auch gar nicht geeignet. Laotse sagt: ›Nichts zu tun ist besser, als die Arbeit eines anderen zu übernehmen.‹«

»Laotse sagt aber auch: ›Von nichts kommt nichts‹«, konterte ich. »Und er sagt: ›Unter einem liegenden Stein fließt kein Wasser‹ oder: ›Wer nicht springt, wird nie fliegen lernen!‹«, gebe ich meinen hausgemachten Laotse gerne als Gegenargument dazu. »Du musst nur mit irgendetwas anfangen, dann wirst du sehen: ›Der Appetit kommt beim Essen‹, wie Laotse so richtig erkannt hat.«

»Das bezweifle ich, dass Laotse so etwas jemals gesagt hat. Er war ein enthaltsamer Mensch«, meinte mein Sohn und schickte Laotse in Gedanken in die Rauchpause.

Wenn der Chinese beim Erziehungsgespräch nicht mehr zieht, kommt Sebastian mit schwerwiegenderen Argumenten. »Was hast du denn Vernünftiges mit zwanzig gemacht, in deiner wilden Jugend?«

Er zielt damit unter die Gürtellinie, denn er weiß genau, dass ich von der Schule geflogen bin und eine Weile nichts gemacht habe, bis mich mein Papa in die Theaterschule lockte. Ich hatte aber zwischendurch in der Bäckerei im Keller eines Hochhauses gearbeitet. Der Geruch von frisch gebackenem Brot gefiel mir außerordentlich, man musste allerdings sehr früh aufstehen, und das ging mir auf Dauer ziemlich auf den Geist. »Bei uns in der Sowjetunion war Arbeit Pflicht, mein Junge. Wer länger als drei Monate ohne Arbeit herumhing, konnte wegen Schmarotzertums verurteilt werden nach Paragraf 209 des Strafgesetzbuches der UdSSR«, konterte ich.

»Ich verstehe«, macht mein Sohn sofort eine beleidigte Miene. »Du möchtest damit sagen, ich sei ein Schmarotzer. Aber da irrst du dich. Ich bin mir meiner privilegierten Stellung durchaus bewusst und möchte dir versichern, dass ich sehr angestrengt nach meinem Traum suche. Wie Laotse sagt: ›Nur wer sucht, kann auch finden.‹ Aber das Suchen braucht eben Zeit.«

»Aber schau dir doch mal deine Freunde an. Jonas zum Beispiel studiert, Lars arbeitet schon in einer Autowerkstatt, dein Freund Joris singt in einer Punkband. Ist das alles nicht großartig?« Sicher wirkte meine Freude über die Erfolge der anderen Jungs etwas übertrieben. Joris sang tatsächlich. Seine Band hieß Schnapps und war eine regelrechte Schmiede für junge Talente. Ihre Musik war laut, die Texte klangen gesellschaftskritisch und gut nachvollziehbar. »Lasst mich hier raus, ich halt' es nicht mehr aus!«, brüllte Joris.

»Das sind andere Menschen, Papa. Sie sind so, und ich bin anders. Du kannst nicht immer recht haben. Laotse sagt:

›Wer sich immer im Recht sieht, kann sich nicht bessern.‹
Ich suche mich weiter.«

Wäre dieser Laotse bloß zu Maos Zeiten auf die Welt gekommen, hätten wir heute ein Problem weniger, dachte ich und fragte meinen Sohn, in welche Richtung seine Suche denn ungefähr ginge. Er wolle Künstler werden, meinte er.

»Dann musst du auf die Kunstakademie!«, unterstützte ich sein Vorhaben.

»Muss ich nicht«, klärte mich Sebastian auf. »Dort kann man doch nur das bloße Handwerk lernen. Wahre Kunst ist aber kein Handwerk. Außerdem hat sich Joris schon bei der Akademie beworben und wurde nicht genommen, obwohl er eine viel bessere Mappe hatte als ich. Ich fasse es mal mit Laotse zusammen: ›Was gelernt werden kann, ist nicht der Mühe wert, gelernt zu werden.‹«

»Okay, Junge, durch dein Studium kannst du aber wichtige Kontakte knüpfen und Leute kennenlernen, die sich für das Gleiche interessieren wie du. Wie stellst du dir denn sonst deine Begegnung mit der Kunst vor? Du sitzt in der Küche, und die Kunst klopft an? ›Hi, ich war zufällig in der Nähe und dachte, schau ich doch mal vorbei.‹«

»Mal sehen, was das Leben so bringt«, wiegelte Sebastian philosophisch ab.

Der Junge hat Angst, etwas anzufangen, dachte ich. Zu Hause überlegte ich für das nächste Gespräch, was mein persönlicher Laotse zu dem Thema noch zu sagen hätte. Zum

Beispiel: »Hab keine Angst danebenzutreten, scheitern ist die Grundlage des Erfolgs.« Darauf würde Sebastians Laotse bestimmt etwas Bedeutungsvolles erwidern wie »Der Weg zum Tun ist, einfach zu sein« und sein schnurrbärtiges Mona-Lisa-Lächeln aufsetzen.

Linke Tochter

Erziehungskonzepte gehen nie richtig auf. Man will das eine, bekommt am Ende aber etwas völlig anderes. Und so habe ich meine Tochter an die Linke verloren. Wie konnte das nur passieren? Und wie kann ich es wieder rückgängig machen? Dabei hat alles so harmlos angefangen. Ich hatte eine Einladung zu einer Veranstaltung zusammen mit Dr. Gregor Gysi, eine Art Podiumsdiskussion über das Leben früher im Gegensatz zu heute.

»Ach, du gehst zu Gysi?«, fragte mich meine Tochter. »Dürfen wir vielleicht mitkommen? Mein Freund Lucas schreibt gerade eine Seminararbeit für die Uni zum Thema ›Bedingungsloses Grundeinkommen‹. Die Linke unterstützt das Projekt, Herr Gysi lehnt es ab. Lucas hat schon viele Menschen interviewt, die dafür sind, er bräuchte noch jemanden, der dagegen argumentiert. Vielleicht kannst du Gysi überreden, dass er sich von uns interviewen lässt?«

Okay, dachte ich. Ist ja klar, dass ihr alle für ein bedingungsloses Grundeinkommen seid. Das ist doch der Traum jedes jungen Menschen. Mich wundert bloß, dass Dr. Gysi dagegen ist. Die Sache mit dem Interview wollte ich gerne unterstützen, schließlich sollte man den gängigen Erziehungskonzepten zufolge das Interesse der Jugend an der Politik stärken. Auf diese Weise übernahm sie auch die Sorge und die Verantwortung für die Zukunft des Landes. Und so oft kam es heute auch wieder nicht vor, dass junge Menschen sich für Politik interessierten. Was Gysi betraf, musste man ihn nicht lange überreden, sich von jungen Menschen interviewen zu lassen. Am liebsten würde er das für den Rest seines Lebens hauptberuflich tun, war mein Eindruck. Der Mann konnte ja auch wirklich gut reden. Alle unlösbaren Probleme und verdammten Fragen unserer Zeit erschienen in seiner Auslegung auf einmal so deutlich und klar, dass man sich wunderte, nicht selbst darauf gekommen zu sein.

»Ja, meine Liebe«, sagte ich also zu meiner Tochter, »ich tue, was ich kann. Ich rede mit ihm. Ihr könnt auf jeden Fall zu der Show mitkommen.«

Normalerweise erscheint Gysi kurz vor einer Veranstaltung, isst ein Brötchen mit gekochtem Ei, erzählt seine Lieblingsgeschichte – wie er früher selbst eine kleine Cessna geflogen ist, bevor er den Flugschein abgeben musste – und geht auf die Bühne. Diesmal war er jedoch eine halbe Stunde früher da und nahm sich das Anliegen der jungen neugierigen Menschen sofort zu Herzen. Nach nur zehn Minuten waren die beiden reif, seiner Partei beizutreten.

Linke Rhetorik kommt bei Kindern besonders gut an,

weil die keine Kompromisse dulden und für jedes Problem sofort eine Lösung haben wollen. Deswegen könnte man mit linken Umverteilungskonzepten gut ein Mathematiklehrbuch für die dritte Klasse füllen. Eine typische linke Matheaufgabe würde ungefähr so lauten:

Ein reicher Bürger hat hundert leer stehende Wohnungen. Hundert arme Bürger schlafen im Park auf Bänken. Und hundert Omas haben Angst davor, in den Park zu gehen. Was tun? Ganz einfach. Den geizigen Eigentümer enteignen, den hundert Bürgern je eine Wohnung zuteilen, und die Omas kehren angstfrei auf ihre Parkbänke zurück. Problem gelöst. Wo auf der Welt gab es vernünftige Argumente, die eine solch einfache Lösung widerlegen könnten?

Und so entwickelte sich bei meiner Tochter das linke schwarz-weiße Weltbild, das keine Zwischenfarben duldete: Menschen, die in Restaurants gehen und teures Geld für Essen ausgeben, handeln amoralisch, wo man doch mit einer guten Pizza für 3,99 Euro total versorgt ist. Menschen, die dicke Autos fahren, sind Verbrecher, sie zerstören die Umwelt. Und Menschen, die Flüchtlinge in großen Mengen hier nicht willkommen heißen, sind Nazis. In Prenzlauer Berg wohnen die Hipster, in Grunewald die Bonzen und in Marzahn die Rechten. Normale Menschen wohnen in Pankow, Weißensee und in Berlin-Heinersdorf.

Kurz nach dem Gysi-Interview bekam ich an einem sonnigen Samstag eine Einladung zum Essen von einem

Freund in Grunewald. Er ist Arzt und arbeitet bei Ärzte ohne Grenzen mit. Jedes Jahr fährt er nach Afrika und entfernt dort Menschen den gefährlichen Hautkrebs, natürlich kostenlos. Seine portugiesische Frau Helena hat meine Bücher in ihre Muttersprache übersetzt. Außerdem kocht sie einfach wunderbar. Die Einladung kam zur rechten Zeit, ich hatte nämlich nachts noch eine Russendisko in Kreuzberg zu absolvieren und zu Hause nichts mehr zu essen. Doch allein nach Grunewald zu fahren, dazu hatte ich keine Lust. Also fragte ich meine Tochter, ob sie nicht mitkommen mochte. Schließlich hatte sie mich schon öfter zu einem guten Essen begleitet, wenn sie ihre Pizza für 3,99 Euro nicht mehr sehen konnte.

»Ich fahre nicht zu den Grunewald-Bonzen«, schlug die Tochter meine Einladung ab. »Außerdem habe ich am Abend wichtige Termine. Ich habe mich mit Lucas, Lulu und Lena zum Biertrinken verabredet. Wir fahren nach Kreuzberg, wo eine wichtige Demo gegen den Mietenwahnsinn unter dem Motto ›Sofort enteignen!‹ stattfindet. Und was will Helena eigentlich kochen?«, fragte mich die Tochter.

»Helena möchte einen Gazpacho mit Gemüse machen, Hühnchen mit Kartoffeln portugiesischer Art und einen Aprikosenkuchen mit Sahne«, antwortete ich wahrheitsgemäß.

»Ach ja, wie schmeckt denn das Hühnchen auf Portugiesisch?«

»Sehr gut«, sagte ich. »Ein unvergessliches kulinarisches Erlebnis.«

»Ich weiß nicht, vielleicht komme ich doch mit, esse das Bonzen-Hühnchen und gehe danach mit den Mädchen Bier trinken«, meinte die Tochter.

»Nenn meine Freunde bitte nicht Bonzen. Das sind Ärzte, Menschen, die mehr für die Allgemeinheit tun als deine ganze linke Partei«, entgegnete ich.

Der Gastgeber holte uns von der S-Bahn-Station Grunewald mit dem Auto ab. Der Bonzen-Bezirk hatte sich seit meinem letzten Besuch ausgedehnt. Es standen dort quadratische weiße Häuser hinter hohen Zäunen. Viele waren noch nicht fertig gebaut, und auf den Grundstücken lagen Säcke mit Zement, als hätten die Bewohner die Baustelle plötzlich verlassen müssen.

»Wie geht's? Was macht das Leben in Grunewald?«, fragte ich meine Freunde. Das letzte Mal, als ich hier gewesen war, hatten sie damit angegeben, wie multikulturell und facettenreich ihr Bezirk geworden sei. Sie hatten einen italienischen und einen russischen Nachbarn sowie einen arabischen Prinzen. Echtes Multikulti also. Schräg gegenüber lebte ein schwules älteres Pärchen, beide Filmproduzenten, die tolle Partys auf ihrem Grundstück veranstalteten.

»Na ja«, erzählte mir mein Freund, »es ist einiges passiert im Laufe des Jahres.« Das war keine Übertreibung. Der Russe war von einem SEK-Kommando abgeholt worden mit Hubschrauber und allem Drum und Dran. Die Nachbarn hatten zuerst gedacht, es würde ein Film gedreht. Der Mann hatte mehrere Pflegedienste geleitet und mit erfundenen Pflegeleistungen mehr Geld von den Krankenkassen abkassiert, als die Polizei erlaubte. Das Geld wollte er in Gold umtauschen und mit einem Krankenwagen in die Schweiz bringen. Als er gerade dabei war, den Wagen zu beladen, hat das SEK sein Haus gestürmt. Die ganze Straße war in Aufruhr. Die Filmproduzenten, direkte Nachbarn des Russen, erkannten sofort, dass das keine Dreharbeiten waren. Sie warfen sich ins Gras, um keine Kugel abzubekommen. Kurz danach verschwand auch der arabische Prinz. Drei seiner Prinzessinnen hatten einen Bus eine ganze Nacht lang mit großen Papiertüten vollgepackt. Am nächsten Morgen waren sie weg.

»Typisch Bonzen«, meinte Nicole. »Alle Reichen haben Dreck am Stecken.«

»Auch der Italiener lässt sich schon lange nicht mehr blicken«, erzählte mein Freund. »Im Haus brennt kein Licht. Aber sein Porsche steht noch vor der Tür.«

»Was für ein sinnloses Auto!«, ekelte sich meine Tochter. »Typisch Umweltsünder!«

Als richtige Gastgeber zeigten meine Freunde Nicole ihr Haus. Überall an den Wänden hingen afrikanische Masken und Kunstwerke des schwarzen Kontinents.

»Typisches Kolonialerbe«, nickte Nicole. »Die Weißen fahren nach Afrika und holen sich alle Schätze.«

»Nein, nein«, beruhigte sie mein Freund, »das ist ganz anders, nicht so wie du denkst.«

Ich freute mich – jetzt würde meine Tochter endlich aufgeklärt, dass er diese Masken von dankbaren Patienten bekommen hatte, die ihm ihr Leben verdankten.

»Afrikaner haben nun mal ganz wenige Museen«, sagte mein Freund. »Sie können auf ihre Kunstwerke nicht aufpassen, daher sind sie hier in Grunewald viel sicherer als dort.«

»Oha«, sagte die Tochter. »Irgendwann kommen die Afrikaner aber nach Grunewald und wollen ihre Masken zurück.«

»Ich werde sie bis dahin gut aufbewahren«, meinte der Arzt.

Danach aßen wir zusammen das portugiesische Huhn und gingen alle nach Kreuzberg ins SO36 zur Russendisko tanzen.

Diona

Der Klimawandel bereichert unser Leben. Die natürlichen Grenzen schmelzen, und immer mehr exotische Pflanzen wandern nach Deutschland aus, wo sie auf Berliner Balkonen und Fensterbrettern eine neue Heimat finden. Auch ich habe meiner Mutter ein exotisches Gewächs geschenkt – die Pflanze ist sofort zu einem vollwertigen Familienmitglied geworden. Das konnte niemand voraussehen. Aber eigentlich hatte alles mit einem kulinarischen Problem angefangen.

Jede Woche experimentiert meine Mutter in der Küche: Teigtaschen, Sülze oder Papas Lieblingssalat aus geriebenem Käse, Mayonnaise, Knoblauch und Salz nach Gefühl. In der Tat liebte mein Vater diesen Salat. Er war überzeugt, im Knoblauch stecke der Schlüssel zu einem langen gesunden Leben. Da er jedoch vor zehn Jahren gestorben ist, bekomme ich nun diese Grüße aus der Küche. Als Person des öffentlichen Lebens versuche ich, Papas Salat zu meiden. Ich möchte nicht als Knoblauch-Schriftsteller in die Geschichte eingehen. »Gib den Salat bitte Wassilissa«, versuche ich, Mama umzustimmen.

Diona

Im Leben von Wassilissa, der Katze meiner Mutter, spielt das Essen eine zentrale Rolle. Das Tier ist auch nicht konservativ in seinem Geschmack und bereit zu experimentieren. Knoblauch kommt für die Katze dennoch nicht infrage. Am meisten lockt sie Essen, das sich noch bewegt, auch wenn sie es nie wirklich frisst: Insekten oder Tauben. Sie kann wochenlang im Schlafzimmer meiner Mutter auf dem Fensterbrett sitzend den großen wilden Tauben im Hof bei ihrem Paarungstanz zusehen. Die Tauben sind zart und romantisch. Mal kommt das Weibchen mit lautem Gurren zum Männchen und beide drehen sich im Kreis, mal kommen sie kurz zusammen, um im nächsten Moment wieder auseinanderzufliegen wie argentinische Tangotänzer, bei denen auch oft nicht nachvollziehbar ist, wer wen führt. Liebend gern würde Wassilissa mittanzen und mitgurren, unauffällig die beiden Vögel von der Seite umarmen und sich mit ihnen zusammen im Kreis drehen. Doch zum Tango gehören eben zwei, da wäre eine dritte Person fehl am Platz, vor allem, wenn diese eine dicke zottelige Katze ist. Frustration herrschte in der Wohnung dank einer enttäuschten Katze auf dem Fensterbrett und meiner Mutter, die ihren mütterlichen Fütterungsinstinkt nicht befriedigen konnte.

Keine Panik, dachte ich, es findet sich für alles im Leben eine Lösung. Und genau so kam es. Meine Mutter sammelt Kakteen. Jedes Jahr bekommt sie von mir oder von ihren Freundinnen zum Muttertag und zum Geburtstag einen neuen stacheligen Freund. Es gibt bei uns im Bezirk einen großartigen Laden, der auf stachelige Pflanzen spezialisiert ist. Vor einiger Zeit ging ich dort vorbei, als gerade eine neue Lieferung eingetroffen war. Ganz vorne an der Straße stand *Dionaea muscipula* in einem großen Eimer, Venusfliegenfalle auf Deutsch, eine fleischfressende Pflanze mit Charakter. Warum nicht ausprobieren, dachte ich und kaufte, ohne lange zu überlegen, eine Diona für Mama.

Mein Plan ging auf. Als Erstes wollte Mama prüfen, ob die Pflanze überhaupt hungrig war. Sie nahm eine der Fliegen, die ihre Katze immer im Flug erledigte und dann tot auf dem Fensterbrett liegen ließ, und legte sie auf die Pflanze. Diona schnappte sofort zu. Meine Mutter war begeistert.

»Versuch es mit Käsesalat«, riet ich ihr. Diona sagte auch zum Salat nicht Nein, roch danach allerdings komisch. Von nun an hatte sie in Mamas Küche einen Ehrenplatz auf dem Fensterbrett, und alle kamen auf ihre Kosten: Mama fütterte die Pflanze, die Fliegenfalle schnappte zu, und Wassilissa und ich waren aus dem Schneider. Es läuft, dachte ich naiv.

Diona sorgte für Vollbeschäftigung. Meine Mutter kramte ihr altes sowjetisches Notizbuch wieder hervor, in dem sie akribisch ihre Rezepte aus der Sowjetzeit festgehalten hatte. Das Kochen in der Sowjetunion war durch zwei besondere Merkmale gekennzeichnet: die permanente Abwesenheit aller Lebensmittel in den Läden und den grenzenlosen

Erfindungsreichtum der Hausfrauen. Seit damals hat meine Mutter Rezepte aufbewahrt, mit deren Hilfe man eine Hühnersuppe ohne Huhn zaubern und Bouletten aus Roggenbrot kneten konnte. Hier im Wohlstands-Europa hat sie die Rezepte nicht gebraucht. Jetzt aber beschloss sie, Diona wie ein richtiges sowjetisches Kind großzuziehen. Mama kochte für die Pflanze in mikroskopisch kleinen Portionen. Nicht alles kam bei Diona gleich gut an. Wenn ihr irgendein Gericht nicht schmeckte, spuckte sie es aufs Fensterbrett. Sie hatte ausgeprägte Vorlieben. Die knoblauchhaltigen Seemannsnudeln zum Beispiel liebte sie, während alle Suppen durchfielen. Abends berichtete mir meine Mutter, wie gut die Pflanze gegessen hatte.

Mamas Freundin Tante Inge, die jeden Tag mindestens drei Termine hat und bei Yoga, Wasser-Aerobic und Sudoku-Lösungsnachhilfe niemals fehlen darf, wunderte sich jedes Mal, wenn sie meine Mutter anrief, um sie zu einer Yoga- oder Sudoku-Übung einzuladen.

»Ich habe keine Zeit«, erklärte ihr Mama. »Ich muss mich um Diona kümmern.«

Eines Tages rief mich Mama an. »Du musst sofort kommen, es ist etwas Wunderbares passiert«, schrie sie fast am Telefon. »Wir haben ein neues Leben!«

Mutters Aussage versetzte mir einen Schlag. Ein neues Leben, was sollte das sein? Wir hatten ja mit dem alten schon genug Probleme, dachte ich auf dem Weg zu ihr.

Diona

Meine Mutter war sehr aufgeregt, als ich ankam: »Ein Wunder!«, rief sie. »Ist das nicht ein Wunder?«

Es war tatsächlich ein Wunder. Diona hatte ein Kind bekommen, eine Riesenblüte, die an einem langen Stängel hing – oder war es vielleicht bereits die Frucht? Auf jeden Fall konnte man den Vater von Dionas Kind sofort erkennen, das Baby hatte nämlich eine klare gelbliche Farbe und roch leicht nach Knoblauch. Es konnte also nur vom sowjetischen Käsesalat stammen.

»Ist das nicht schön?«, freute sich meine Mutter. »Das Leben geht immer weiter.«

»Guten Tag, Genosse«, sagte ich zu Dionas Kind. »Willkommen in Deutschland.« Ich wusste nicht, was ich sonst sagen sollte.

Der Neuling auf dem Stängel nickte.

Polnische Ostsee

Meine Tochter hat eine Retrophase. Sie steht auf alte Schlager, kauft Mode aus den Achtzigerjahren und liest gerne dicke Liebesromane von Milan Kundera. Sie mag den europäischen Sozialismus der DDR, den sie durch die Gnade der späten Geburt nicht erleben durfte, und sie mag Polen. Weil Polen sich zwar ökonomisch mit Europa entwickelt hat, mental aber noch immer in der Vergangenheit lebt. Für einen Kurzurlaub am Meer ist Polen für uns Berliner das nächstbeste Ausland. Wir fahren zwei Stunden über Stettin nach Misdroy an die polnische Ostsee, in das Lieblingsland meiner Tochter, wo die Würste besser als anderswo schmecken, weil man ihnen irgendwelche in der EU verbotenen Substanzen beimischt.

Diese Würste markieren eigentlich die Staatsgrenze. Plötzlich hängt ein Werbetransparent für Ketwürste über der Straße, ein DDR-Produkt, das aus dem heutigen Deutschland längst verschwunden bzw. nach Polen ausgewandert ist. Kaum sind wir über der Grenze, möchte meine Tochter in Polen als Erstes eine Ketwurst essen, um ihre Phantomnostalgie zu stillen, die Sehnsucht nach einem Land, das sie nie gesehen hat. Die Schranke an der Staatsgrenze, die selbst wie eine mit Ketchup beschmierte Ketwurst aussieht, steht immer auf 12.00 Uhr, man kann problemlos durchfahren. Umso sichtbarer werden die anderen Grenzen. Auf einmal spricht keiner mehr mit uns Deutsch oder tut so, als würde er uns nicht verstehen. Die Währung muss umgetauscht werden, die Spritsorten heißen anders.

Eigentlich lieben die Polen Grenzen. Kaum am Strand angekommen, grenzen sie sich als Erstes mit Windschutzanlagen, Holzpfählen und Zelten ab und umzäunen sich nach allen Seiten, um ihre Strandsouveränität zu wahren. Zu diesem Zweck bilden sie kreisförmige Fürstentümer, setzen ein aufblasbares Krokodil vor den Eingang und gucken jeden streng an, der zu nahe an ihnen vorbeiläuft. Manchmal kommt ein Windstoß, dann fliegen Zaunteile und Gummikrokodile durch die Luft, und die Polen laufen ihnen hinterher.

Gegen Mittag versammeln sie sich an den Dönerbuden, die hier oft »Kebab Berlin« heißen. Sie werden jedoch anders als in Berlin nicht von türkischen Verkäufern bedient, sondern von blonden polnischen Jungs, die den Kebab aus Schweinefleisch mit einer solchen Selbstverständlichkeit absäbeln, als wäre dieses Gericht eine Errungenschaft der traditionellen polnischen Küche und nicht aus Berlin. Überhaupt haben wir in unseren drei Tagen in Polen keinen einzigen Ausländer aus fernen Ländern gesehen, keinen Chinesen,

keinen Araber, keinen Afrikaner. Die Flüchtlingskrise ist an
der Ketwurstgrenze zerschellt. Nur deutsche Touristen fahren ab und zu organisiert und mit einem Reiseführer vorbei, der laut über Megafon erzählt, wie das hier alles früher
war, vor dem letzten Weltkrieg. Und ein paar Russen trinken Bier am Schaschlik-Stand. Sie fallen hier in Polen als
Fremde nicht auf.

Der einzige Ausländer aus einem fernen Land, den ich
in Misdroy traf, war der peruanische Panflötenspieler vom
Alexanderplatz, der den Polen in einem Indianerkostüm mit
seiner Panflöte den Sound der Anden in die Ohren blies.
Vor vielen Jahren hatte ein ganzes Zwanzig-Mann-Orches-
ter bei uns am Alex gestanden, angetan mit Ponchos und
Federzeug im Haar. Sie verkauften ziemlich erfolgreich ihre
CDs, mussten aber ihre Gewinne immer durch zwanzig teilen. Also beschlossen sie wahrscheinlich irgendwann, sich
zu trennen. Die einen gingen nach Süden, die anderen nach
Norden, und einen alten Panflötenspieler hat es nach Polen
verschlagen. Neben ihm standen noch andere Spieler aus
dem vorigen Jahrhundert: der Hütchenspieler, der Puppen-
spieler und der Fotograf, der mit »deinem Bild« gleich eine
Teetasse und ein Kissen bedrucken konnte.

Abends in der Disko gab es Bier mit Schnaps. Kinder,
junge Pärchen und ältere Damen mit Begleitung schienen
alle die gleiche Musik zu mögen, die beste, die es jemals
gab: »One Way Ticket«, »Cheri Cheri Lady« und »Agadoo«.

Sehr viele hatten Tattoos. Als Hautbemalung bevorzugen die Polen realistische Bilder, zum Beispiel große Greifvögel, die mit ausgestreckter Zunge in einer Art Buchweizenfeld sitzen und streng gucken, aber auch traurige Frauen oder Katzen. Neben der starken ästhetischen Wirkung erfüllen diese Tattoos eine wichtige Aufgabe: Sie schrecken Mücken ab. Die Mücken an der polnischen Ostsee sind monströs.

Polen sind nachdenkliche Menschen. Sie neigen zum Grübeln, lachen selten, dafür trinken sie aber gerne vormittags ein Bierchen oder zwei, und sie rauchen alle und überall, als hätte man sie nicht aufgeklärt, dass es schädlich ist. Meine Tochter verliebte sich in Polen, diese Insel der Archaik, die im globalen Ozean der europäischen Moderne tapfer dem Zeitgeist trotzt und sich mit einer solchen Selbstverständlichkeit feiert, als gäbe es keine Krisen auf dem Planeten, keine Flüchtlinge, keinen Klimawandel und keine Kriege. Die Welt mochte jederzeit untergehen, Polen blieb bestehen. Nach drei Tagen kam uns das alles aber langsam zu niedlich vor, und wir fuhren nach Hause.

Ich möchte nicht, dass der Eindruck entsteht, Polen sei ein perfektes Land. Ein objektiver Bericht braucht auch Kritik, daher muss erwähnt werden, nicht alles in Polen ist schön. Die Mücken zum Beispiel machen gezielt Jagd auf deutsche Touristen. Sie saugen deutsches Blut, verspritzen ihr Gift, bringen die Menschen zum Kratzen und hinterlassen riesige Beulen am Körper.

Kleiner grüner Kaktus

In unserem Dorf gibt es eine Kultureinrichtung, die sogenannte »Musikscheune«, mit einem abwechslungsreichen Kulturprogramm und einem Bratwürstchenstand. Normalerweise gehen wir nicht zu den Konzerten in die Scheune, schon gar nicht im Oktober, mitten in der Pilzsaison. Diese Zeit verbringen wir im brandenburgischen Dschungel bei Alt Ruppin, wo meine Familie mit Messern bewaffnet Pfifferlinge jagt und Steinpilze und Maronen sowieso. Ich laufe ihr nach, um zu gucken, dass sie sich nicht verläuft.

Pilze sind hinterhältige Wesen, sie locken die Sammler immer tiefer in das Dickicht, bis sie jegliche Orientierung verlieren. Im Wald bei Alt Ruppin gibt es nämlich keinen Internetempfang, es gibt kein Netz und keine Schilder mit Ortsbeschreibung, nur vom Krieg übrig gebliebene Erdlöcher und die Ruinen sowjetischer Kasernen. Hier waren nämlich vor der Wende die Russen stationiert. Sogar das Echo spricht in diesem Wald noch immer mit russischem Akzent. Wenn ich laut in den Wind »Hallo?« rufe, antwortet mir das Echo mit so starkem Akzent »Hallo!«, als hätte es nie die richtige deutsche Aussprache gelernt.

Für uns sind die Kasernen von großem Vorteil. Wir haben vor langer Zeit festgestellt, dass Pilze in Deutschland am besten dort wachsen, wo früher Russen stationiert waren. Also fahren wir an solche Orte, lassen das Auto am Waldrand stehen und gehen zu Fuß weiter. Manchmal sind wir allerdings zu faul, um uns so weit von unserem Dorf zu entfernen. Dann suchen wir im nächstliegenden Wäldchen, das keine fünf Minuten von der Musikscheune entfernt liegt, nach Pilzen. Bei Veranstaltungen, die tagsüber stattfinden, höre ich dann sogar manchmal im Wald, wie das Publikum applaudiert.

Doch einmal, im Oktober, hatten wir zu einer Einladung nicht Nein sagen können. Reinhard, der Veranstalter, bat uns nachdrücklich, dabei zu sein.

»Ihr müsst unbedingt kommen, es wird eine großartige Band spielen! Eine wunderbare Gesangsgruppe, die sich ›Die feinen Kerle‹ oder so ähnlich nennt, eine erfolgreiche Wiederbelebung der Comedian Harmonists, der ersten deutschen Boygroup, die sich bereits vor fast hundert Jahren einen Namen gemacht hat. ›Mein kleiner grüner Kaktus fällt runter vom Balkon‹, ›Veronika, der Lenz ist da‹, ›Ein Freund, ein guter Freund‹ – ihr wisst schon Bescheid!«, so Reinhard.

Wir wussten nicht Bescheid. Der Kaktus war an uns vorbeigefallen. Wir wollten die Bildungslücke aber nicht zugeben und nickten bedeutungsvoll. Das Konzert sei eigentlich ausverkauft, meinte Reinhard, aber für uns als Ehrengäste würde er selbstverständlich noch Plätze finden. Es hatte seit zwei Tagen geregnet, für die Pilze war es zu nass, und zu Hause war das Bier alle. Wir gingen zu dem Konzert.

Trotz des schlechten Wetters war die Scheune tatsächlich rappelvoll, viele waren sogar im Rollstuhl gekommen. Eine ähnliche Ansammlung uralter Menschen hatte ich schon einmal erlebt, als das Hotel Adlon in Berlin sein hundertjähriges Jubiläum feierte. Damals hatte das Hotelmanagement die tolle Idee, alle hundertjährigen Berlinerinnen und Berliner zu der Feier einzuladen. Jeder, der hundert Jahre alt war und das beweisen konnte, sollte einen guten Cognac sowie Kaffee und Kuchen frei Haus bekommen. Das Hotelmanagement hatte mit einem Dutzend Menschen gerechnet, aber schon nach einer Stunde gingen ihnen die Kaffeetassen aus. Es kam zu einem Stau Unter den Linden. Die Straße war von Rollstuhlfahrern blockiert, und das Hotel wurde von Hundertjährigen und deren jungen Altenpflegern umlagert, die ebenfalls ihr Anrecht auf einen Cognac geltend machen wollten. Die Verwunderung der Hotelangestellten war groß. Man konnte es ja verstehen. Schließlich sah man die Alten unter der Woche kaum, sie versteckten sich in ihren Altersheimen am Rande der Stadt. Nur selten, wenn sie gerufen wurden, kamen sie ans Licht.

»Wer hätte gedacht, dass in Berlin so viele Hundertjährige

leben«, beschwerte sich damals der Barchef des Adlon. Die Alten hatten seine Cognacvorräte komplett vernichtet.

Nun strömten sie zu den »Feinen Kerlen« in die Musikscheune, um zu prüfen, ob die Nachahmer auch so toll sangen wie die Originalgruppe damals vor fast hundert Jahren. Sie saßen ganz leise auf ihren Plätzen. Kleine Frauen mit grauvioletten Frisuren und Männer mit samtiger Haut nickten im Takt des Gesangs: »Veronika, der Lenz ist da, hollahi, hollahi, hollaha …«

Auf der Bühne jodelten sechs Männer in Smoking, weißen Hemden und glänzenden Lackschuhen, sie sangen a cappella, wobei einer solierte und die anderen ihn rhythmisch unterstützten: »Pabapp, pabapp, pabapp …« Die Welt, die sie besangen, war so schön, so sorgenfrei und wonnig – pabapp, pabapp, pabapp. Nur manchmal überzogen kleine Wölkchen diesen deutschen Himmel, doch auch die waren schnell wieder verschwunden. Zwischen den Songs erzählten die feinen Kerle die Geschichte ihrer Vorbilder, der Comedian Harmonists. Sie streuten diese kleinen Beiträge ein, ohne auf das Publikum zu schauen oder den Gesang zu unterbrechen. Der Text saß, und der Rhythmus stimmte pabb, pabb, pappalapapp. Es wurde erzählt, wie berühmt sie waren, welche Erfolge sie feierten, pabapp, pappalapapp. 1935 mussten einige Mitglieder das Ensemble verlassen, pabapp, pappalapapp, weil sie jüdischer Abstammung waren (oh la la!). An dieser Stelle machten die feinen Kerle eine kurze Pause, legten eine Schweigesekunde ein und schauten betreten vor sich hin. Das Publikum nickte verständnisvoll. Doch schon 1948 – pabapp, pappalapapp – ging es mit dem Kaktus weiter, hollahi, hollahi, hollaho.

»Lass uns schnell noch einmal im Wald Pilze suchen gehen«, flüsterte mir meine Tochter ins Ohr. Wir verließen leise die Scheune, gingen in den Wald und versuchten, mit Bier und Zigarettchen diesen komischen Beigeschmack von Karamell und Kotze zu vertreiben, den das Konzert bei uns hinterlassen hatte.

Was wäre eigentlich gewesen, wenn Goebbels damals für die Comedian Harmonists eine Ausnahme gemacht und gesagt hätte, sie dürften weitersingen, schließlich sei der Kaktus genau betrachtet irgendwie arischer Abstammung, da könne man bezüglich der falschen Abstammung mancher Sänger schon einmal beide Augen zudrücken. Hätten sie dann weitergespielt und wären auf Deutschlandtournee gegangen, pabapp, pappalapapp, zwischen Dachau und Auschwitz?

Ein Freund, ein Landsmann von mir, verpasste neulich auf einer Geschäftsreise den Flug von München nach Moskau. Als er merkte, dass er seine Maschine nicht mehr erreichen würde, suchte er eine günstige Pension in einem Vorort und kam so nach Dachau. Dort wollte er allerdings nicht übernachten aus Angst vor schlechten Träumen. Mein Freund ist Jude, seine Großmutter hatte das KZ überlebt. Also fuhr er fünf Kilometer weiter in den nächsten Ort mit einem geschichtlich unbelasteten, ihm nichts sagenden Namen. Dort fand er eine günstige Pension mit Kneipe und sogar einer eigenen kleinen Brauerei. Als großer Bierfan nahm mein Freund sofort ein Zimmer und ging in die Gaststätte seiner Unterkunft. Das Bier schmeckte hervorragend, die Wände waren mit alten Fotos, Wimpeln und Auszeichnungen geschmückt. Hier war schon immer gebraut worden: das Bier des Jahres 1933, 1934, 1935 … Auf den alten Fotos sah man fröhliche Männer und Frauen, die sich hier ihre Freizeit vertrieben, möglicherweise KZ-Mitarbeiter aus dem benachbarten Dachau. Das Bier blieb meinem Freund im Halse stecken. Nach den Wimpeln und Auszeichnungen zu urteilen, stagnierte die Bierproduktion ab 1939, vielleicht aufgrund von Arbeitskräftemangel oder schlechter Ernte. Doch schon 1946, pabapp, pappalapapp, ging sie erfolgreich weiter.

Wie viele Kakteen müssen einem Harmonisten auf den Kopf fallen, damit er den Ernst der Lage erkennt? Diese und viele andere Fragen blieben für uns offen. Wir haben nach Antworten gesucht, aber nichts außer einigen alten, nassen Maronen gefunden.

Gockel ist weg

Gockel ist weg, brauche dringend deine Hilfe, lautete die Whats-App-Nachricht meiner Mutter. Seit einem Jahr experimentiert sie mit moderner Technik und verschickt Nachrichten von ihrem Telefon, die rätselhaft klingen, weil sie oft danebentippt und von der automatischen Texteingabe missverstanden wird. In der Regel ahne ich, was Mama meint. Mit dem Gockel hat sie mich allerdings überrascht. Ein Gockel war, soweit ich wusste, ein männliches Huhn. Wie war der Vogel in die Wohnung meiner Mutter geraten? Ich konnte mich nicht erinnern, dass sie sich ein zweites Haustier zulegen wollte. Außerdem würde ihre Katze Wassilissa das Huhn auf der Stelle fressen. Je länger ich darüber nachdachte, umso weniger plausible Erklärungen kamen mir in den Kopf. Wo konnte der Gockel hergekommen sein? Wir hatten einen Kinderbauernhof gegenüber von unserem Haus. Es gab dort Ziegen, Ponys, Schweine und Hühner. Es könnte sein, dass der Gockel dieser Tierfarm aufgrund der Hitze durchgedreht und durch ein Fenster in die Wohnung meiner Mutter geflogen war. Dann hatte er aber die Katze gesehen und war wieder heruntergesprungen. Die Geschichte schien mir zu verrückt, um wahr zu sein.

»Ich komme vorbei«, tippte ich knapp zurück.

Bei meinem Mutterbesuch klärte sich das Rätsel. Mama hatte mit »Gockel« Google gemeint. Das Internet war weg und damit auch kein russisches Fernsehen mehr vorhanden.

»Kannst du bitte bei Gockel anrufen?«, bat sie mich.

»Anrufen nützt nichts«, sagte ich. »Wir müssen den kleinen schwarzen Kasten unter dem Tisch ausschalten und dann wieder einschalten, dann wird der Gockel nach einer Weile von allein zurück in den Käfig springen.«

Doch diesmal klappte es nicht so richtig, der Gockel wollte nicht zurück. Wir mussten den ganzen Käfig herunterfahren und mehrmals neu starten. Erst beim dritten Versuch ging der Vogel wieder ins Netz.

»Gott sei Dank, er ist wieder zurück«, freute sich Mama. »Ich hätte meine Serie um 20.30 Uhr beinahe verpasst.«

20.30 Uhr ist bei meiner Mama inzwischen eine heilige Zeit. Wie ihre Enkelkinder ist sie von bestimmten Serien besessen. Die sind längst zu einer grundlegenden Kulturform der Gegenwart geworden und haben sich dem Rhythmus des alltäglichen Lebens in einer Großstadt perfekt angepasst. Der Informationsfluss flutet unsere Köpfe so schnell, dass wir mit der Verarbeitung der Neuigkeiten gar nicht hinterherkommen. Wir sind überfordert und vergessen dadurch manchmal sogar, wie wir heißen. Die Serien hingegen sind gut getimt. Innerhalb von 40 Minuten wird die Geschichte ein Stückchen weitererzählt, und am nächsten Tag kann man sich mit anderen Leuten über den Inhalt der neuen Folge austauschen. Die Menschen solidarisieren sich, sie werden durch Serien, die sie sich gemeinsam und zur selben Zeit angeschaut haben, vereint.

Leider können sich die Enkelkinder mit ihrer Oma nicht solidarisieren. Sie schauen sich amerikanische, englische, neuerdings sogar deutsche Serien an, und zwar gleich eine ganze Staffel am Stück. In diesen Serien ist die Welt permanent in Gefahr, die Uhr der Apokalypse zeigt zwei vor zwölf an, und die Zeit verläuft nicht linear. Vergangenheit, Gegenwart und Zukunft existieren quasi nebeneinander. Die Menschen werden auf eine Zeitreise geschickt oder beamen sich freiwillig in andere Dimensionen. Beispielsweise in das Jahr 1986, als die Uhr der Apokalypse noch zehn vor zwölf anzeigte. Dort treffen sie in der Regel auf ihr früheres Selbst, streiten und schreien sich an, doch Gewalt können sie nicht anwenden, weil sie ja ein und dieselbe Person sind.

Die jungen Zeitreisenden sind die Guten, werden mit zunehmendem Alter jedoch böse. Die Jungen wollen die Katastrophe verhindern und die Uhr der Apokalypse zurückdrehen. Die Alten meinen, das Ende sei gar nicht das Ende, sondern der Beginn einer neuen Zeitrechnung, die möglicherweise sogar besser sein werde als die alte. Die Zeit springt in diesen Serien wie ein Ziegenbock, sie dreht sich mal im Uhrzeigersinn, mal im Uhrzeigerunsinn hin und her. Da wäre meine Mutter spätestens bei der ersten Folge eingeschlafen. In der russischen Serie, die sich meine Mutter ansieht, plätschert die Zeit gemächlich vor sich hin. Die Serie läuft schon seit zwei Jahren, und bisher ist noch nichts sonderlich Aufregendes passiert. Man kann sie als Familiendrama bezeichnen: Auf einem Landgut wohnt eine große Familie – Mama, Papa und drei Töchter. Eines Tages wird der Vater beim Pilzesammeln von einem Werwolf gebissen, wird dadurch unsterblich und beißt sich von nun an ein Jahrhundert lang durch die eigene Familie und die turbulente Geschichte seiner Heimat. Dabei kümmert er sich weiter um seine Töchter, später dann um seine Enkelkinder und nimmt am gesellschaftlichen Leben teil. Er muss bloß am Ende jeder Folge einen Zeitgenossen verspeisen. Während der Oktoberrevolution wird er zu einem weißen Offizier, kämpft im Bürgerkrieg für das Russische Reich an der Seite der Zarenarmee und ernährt sich von dünnen ausgelaugten Kommissaren. Später wechselt er die Seiten und wird selbst zum Kommissar. Er rasiert sich den Schnurrbart ab und macht Karriere im sozialistischen Russland. Der Werwolf wird zu den Baustellen des Sozialismus geschickt, wo er für die Steigerung der Effektivität in der Planwirtschaft sorgt. In seiner Freizeit ist er jedoch damit beschäftigt, die Heldinnen und Helden der Arbeit weiterhin brav zu beißen. Er kämpft im Zweiten Weltkrieg gegen die Faschisten, leitet nach dem Krieg eine Schule und engagiert sich später bei Gorbatschows Umbaupolitik. Er teilt das Schicksal seiner Heimat in guten wie in schlechten Zeiten, lernt immer wieder neue interessante Menschen kennen, und der Zuschauer darf raten, wen er am Ende der Folge verspeisen wird.

Ich fand die Serie nicht übel. Der lange Weg Russlands durch das vorige Jahrhundert wird als Speisekarte eines Werwolfs zusammengefasst. Ob Kommissare, deutsche Soldaten, Kolchosbauern, liberale Politiker, Beamte oder ausländische Touristen, alle erleiden das gleiche Schicksal. Durch diese Serie wird die Ambivalenz des russischen Lebens sichtbar: Egal wie sich das Land politisch entwickelt, der Hunger ist immer da, und jemand muss fürs Abendessen sorgen. Meine Mutter freut sich immer besonders, wenn ein Parteimitglied oder ein Reicher gegessen wird. Sie bekommt durch die Serie ebenfalls Appetit und bereitet sich fürs Zuschauen immer ein leichtes Abendessen zu, das sie vor dem Fernseher verspeist: eine Schale mit Früchten, eine Banane, ein Stück Wassermelone.

Die Serie scheint endlos zu sein. Solange der Gockel im Netz sitzt, läuft sie immer weiter. Die Enkelkinder finden Omas Serie abartig und skurril, und überhaupt scheint ihnen eine Welt, in der es weder Gute noch Böse gibt, in der tagsüber alle nett lächeln, sich aber abends aufessen, ziemlich unglaubwürdig. Vor allem bemühen sich die Russen überhaupt nicht, die Uhr der Apokalypse zu stoppen, sie scheint in Russland kaputtgegangen zu sein und zeigt immer 20.30 Uhr an.

Mahlers 1. Sinfonie

Die beste Freundin meiner Mutter, Tante Inge, hatte plötzlich keine Lust mehr, sich zu verstellen und immer nur nett zu sein. Die ersten Zeichen dieser Verwandlung wurden sichtbar, als sie ihren 85. Geburtstag zusammen mit der Familie in einem Fischrestaurant in Potsdam feierte. Die alt gewordenen Kinder kamen und die inzwischen erwachsenen Enkelkinder ebenfalls. Erstaunlich, wie die Zeit vergeht. »Menschen gehen schneller kaputt als Autos. Ist das ungerecht!«, schimpfte Tante Inge. Ihr Enkelkind Thomas war nämlich mit dem Auto ihres verstorbenen Ehemannes nach Potsdam gekommen, einem Mazda 323 in Silbergrau, vor vierzig Jahren in der DDR gekauft. Das Auto sah noch immer aus wie neu. Damals hatte die DDR einige wenige Exemplare bei den japanischen Kapitalisten gekauft, um die besten Kommunisten der DDR damit auszuzeichnen. Die Kommunisten sind inzwischen alle weggestorben, die DDR vor dreißig Jahren untergegangen, aber die Autos werden noch immer von den Enkeln und Urenkeln gefahren.

»Die Japaner sind erstaunlich zäh, diese verdammte

Kiste wird uns alle überleben«, murmelte Tante Inge. Als ihr Mann starb, fuhr sie so lange mit dem Mazda, bis sie aus gesundheitlichen Gründen ihren Führerschein abgeben musste. Das Auto bekam ihr Sohn, später ihr Enkelkind. Das japanische Wunder der Technik schien ein Perpetuum mobile zu sein. Das nervte die Tante inzwischen. Jedes Mal, wenn die Familie sich traf, fragte Tante Inge hoffnungsvoll das Enkelkind, ob das Auto nicht doch mittlerweile kaputt sei. Aber das Auto war in Ordnung, und Tante Inge nickte enttäuscht.

Im Fischrestaurant regte sie sich ständig auf. Sie fragte die Bedienung sehr direkt, ob sie denn nicht auch andere Fische hätten? Außer dem, der vor ihr auf dem Teller lag? Sie wollte gefälligst die anderen Fische sehen. Der Kellner reagierte patzig und meinte, sie hätten durchaus auch andere Fische in der Küche, könnten sie aber nicht jedem Gast auf Wunsch zeigen.

»Wieso denn nicht? Sind Ihre Fische vielleicht unsichtbar? Oder wollen Sie uns etwas verheimlichen?«, fragte Tante Inge ihn streng. Normalerweise war sie sehr umgänglich und feinfühlig im Gespräch, als habe sie permanent Angst, jemanden zu verletzen oder zu nerven. Aber an diesem Geburtstag war sie wie ausgetauscht, nicht wiederzuerkennen. Sie wollte nicht, dass Fotos gemacht wurden, wollte kein Dessert und wollte nicht mit dem Mazda nach Hause gefahren werden.

Mahlers 1. Sinfonie

Für den nächsten Tag hatten sie und meine Mutter Karten für ein Konzert von Gustav Mahler in der Philharmonie, wie immer die 1. Sinfonie. Mitten im Konzert stand Tante Inge plötzlich auf und klatschte mit voller Kraft in die Hände. »Bravo!«, rief sie. »Bravo! Genial!« Die anderen Musikliebhaber, links, rechts, hinten und vorne, zischten und fauchten Tante Inge wie rollige Aprilkatzen an, und meine Mutter zog Inge an der Bluse wieder auf ihren Sitz hinunter. Tante Inge wollte aber nicht sitzen.

»Lass mich bitte«, sagte sie zu meiner Mutter. »Das war immer meine Lieblingsmusik, sie hat mich auch diesmal zutiefst erschüttert. Und wenn ich tief erschüttert bin, möchte ich meine Begeisterung mit dem Orchester und dem Dirigenten teilen. Das nennt sich Empathie!«

»Ist ja gut«, sagte meine Mutter zu ihr. »Du kannst deine Begeisterung und Empathie gerne mit ihnen teilen. Aber warte wenigstens, bis das Orchester zu Ende gespielt hat. So haben wir das doch früher auch immer gemacht. Du musst auf das Publikum Rücksicht nehmen, auf die Menschen im Saal.«

»Die Menschen im Saal sind mir scheißegal«, rief Tante Inge. »Ich bin 85 Jahre alt, sechzig davon höre ich jetzt schon Mahlers 1. Sinfonie, worauf soll ich noch warten? Und jetzt gehe ich auf die Toilette, ich möchte diese Strümpfe endlich ausziehen. Mir ist hier viel zu heiß«, sagte Tante Inge und ging zum Ausgang, während das Orchester weiterspielte.

Jemand aus der hinteren Reihe tippte meiner Mutter auf die Schulter. »Ihre Freundin, hat sie sich noch unter Kontrolle?«, fragte er.

Die Menschen glauben, alles sei eine Frage der Kontrolle. Sie haben panische Angst, mit Aufgaben konfrontiert zu werden, denen sie nicht gewachsen sind, und dadurch die Kontrolle über das eigene Leben zu verlieren. Als ob sie diese Kontrolle jemals gehabt hätten. Sie glauben, die Welt und die Menschen um sie herum existierten nur, weil sie es ihnen erlaubten. Wenn aber etwas nicht passt, tippen sie jemandem kurz mit dem Finger auf die Schulter: Ist alles unter Kontrolle? Die Welt entschuldigt sich, und der Fehler ist behoben.

Tante Inge hatte sich ihr Leben lang angepasst. Immerhin musste sie eine perfekte deutsche Hausfrau abgeben, obwohl sie ursprünglich aus Moskau stammte. Im wichtigen Jahr 1961 ließen viele Russen die Grenzen ihrer Heimat hinter sich und gingen hinaus in die Welt. Gagarin flog als erster Mensch zu den Sternen, und Tante Inge ging nach Karl-Marx-Stadt. Sie hatte in Moskau einen ostdeutschen Kommunisten aus Sachsen geheiratet. In Karl-Marx-Stadt studierte sie penibel die Kultur und Traditionen der DDR, konnte sehr schnell akzentfrei sächseln und wusste über das richtige Leben im falschen Deutschland bald genau Bescheid: Wann die Leute Kaffee tranken und Kuchen aßen, wann sie welche Gerichte kochten, wie viele Biere am Abend angebracht waren, und wie man die Nachbarn grüßte. Später machte ihr Mann Karriere, sie zogen nach Berlin und bekamen einen Mazda 323 in Silbergrau.

»Ich hasse Japaner«, sagte Tante Inge in der Sinfonie-Pause, obwohl sie noch nie in Japan gewesen war. »Diese Menschen brauchen keine Verwandten, keine Freunde, sie leben nur mit ihren Autos«, meinte sie. »Wenn sie dringend einen Verwandten brauchen, leihen sie ihn sich aus.«

Tante Inge erzählte, sie habe in einer Zeitschrift gelesen, dass sich Japaner gerne Freunde und Familienmitglieder für Geld liehen. Inzwischen habe sich in dem Land eine ganze Industrie entwickelt, die auf das Ausleihen von Familienmitgliedern spezialisiert sei.

Die Pause war zu Ende, das Orchester spielte weiter, doch Tante Inge hatte große Lust, meiner Mutter weiter von Japan zu erzählen. Die Nachbarn im Saal regte das unglaublich auf.

»Eine alleinerziehende Mutter kann in Japan zum Beispiel einen Familienvater für einen Abend einstellen, damit er mal kurz in die Schule des Kindes geht und mit der Lehrerin über dessen schlechte Noten spricht«, flüsterte Tante Inge meiner Mutter ins Ohr. »Ein karrierefixierter Mann kann eine schöne junge Frau anmieten, um bei einem Empfang seines Chefs mit ihr zu glänzen. Eine untreue Ehefrau mietet sich einen falschen Liebhaber, um ihn dem Ehemann zu präsentieren und ihren richtigen Liebhaber zu schützen.

Mahlers 1. Sinfonie

Die falschen Liebhaber werden bevorzugt mit Profiboxern besetzt, damit die betrogenen Ehemänner nicht auf die Idee kommen, sich mit ihrem Konkurrenten zu schlagen. Noch öfter spielen die gekauften Akteure die Verwandten bei großen Familienfesten, um den sozialen Status derjenigen zu heben, die keine Familie haben. Besonders schwer sind in Japan Omas aufzutreiben. Die sind dort Gold wert. Aber Autos? Die können nur fahren, die haben keine Empathie!«

Das Orchester spielte zu Ende. Das Publikum im Saal stand wie ein Mann auf und klatschte mit voller Kraft in die Hände. Nur Tante Inge blieb sitzen.

»Ich gehe mal auf die Toilette, mir eine Strumpfhose anziehen. Es ist hier richtig kalt geworden«, sagte sie.

Muttersprache

»Sie schreiben nicht in Ihrer Muttersprache? Das muss unglaublich anstrengend für Sie sein!« Mit solchen Bemerkungen werde ich andauernd konfrontiert. Ich habe tatsächlich erst vor Kurzem eine Muttersprache entwickelt. Meine Mutter wird 89 Jahre alt, hört nicht mehr gut, möchte aber kein Hörgerät tragen. Mit dem Alter entwickeln Menschen manchmal eine hohe Empfindlichkeit gegenüber Geräuschen. Meine Mutter sagt, sie könne mit dem Hörgerät nicht frühstücken oder fernsehen, weil sie sich selbst dabei kauen oder ihre Katze schnarchen höre. Gleichzeitig blieben aber die Stimmen ihrer Mitmenschen trotzdem leise und unverständlich, besonders wenn diese Mitmenschen hohe Stimmen hätten. Also habe ich für Gespräche mit Mama eine besondere Muttersprache entwickelt. Ich versuche, tief und deutlich zu sprechen, gestikuliere dabei und wiederhole alles zweimal. Das funktioniert gut. Und möglicherweise hat diese Art der Kommunikation auch meine literarische Arbeit beeinflusst. Ich schreibe zwar auf Deutsch, versuche aber auch dabei, mich so klar und verständlich wie bei Mama auszudrücken.

Im Russischen ist »die« Sprache übrigens maskulin und hat mit Müttern nichts zu tun. Direkt ins Deutsche übersetzt, würde Muttersprache auf Russisch »die Rede der Eingeborenen« heißen. Meine in Deutschland geborenen und bilingual erzogenen Kinder behaupten heute frech, sie hätten gar keine Muttersprache. Ihre Sprachräume waren quasi eine Zweizimmerwohnung. Von den Eltern hörten sie zu Hause ein stark mit Schimpfvokabular angereichertes Russisch, weil man auf Russisch viele komplexe zwischenmenschliche Inhalte nur in speziellen Schimpfformen wiedergeben kann. Im Kindergarten hatten die Kinder erfolgreich sächseln gelernt. Es hatte sich nämlich geschichtlich so ergeben, dass in ihrem Ostberliner Kindergarten die meisten Erzieherinnen aus Sachsen kamen. Deswegen hatten bald alle Kindergartenkinder diesen wunderbaren Dialekt drauf, der mich an Vogelgesang erinnerte. Genauer gesagt an etwas ratlose Singvögel, die sich nicht entscheiden konnten, ob sie in den Süden ziehen oder doch im Osten bleiben sollten. Heute sagt meine Tochter, wenn sie sich mit ihren Gleichaltrigen an die Kindergartenzeit erinnert, sei sie irritiert. Sie hatten damals zwar alle dieselben Lieder gesungen, bloß habe sie diese wohl falsch verstanden. Dasselbe mit Bibi Blocksberg. Erst viel später hat meine Tochter realisiert, dass nicht nur Bibi, sondern alle Mädchen in diesem Film Hexen waren.

Zu Hause waren unsere Kinder oft Zeugen anstrengender

politischer Küchendiskussionen. Bei solchen Gesprächen neigen meine Landsleute dazu, komplizierte politische Inhalte sehr komprimiert in ein halbes Dutzend Schimpfworte zu packen. Die russische Politik befördert diese Praxis sogar noch. Und die Sprache ist sehr ambivalent. Der wahre Sinn des Gesagten wird mit metaphorischen Aphorismen getarnt, und Gestik und Mimik spielen eine wichtige Rolle. Etwas Einmaliges und Wunderschönes wird mit dem gleichen Wort wie etwas Abscheuliches bezeichnet, und den feinen Unterschied begreift man oft nur am Gesichtsausdruck des Redners. Die Kinder haben Russisch folglich in dieser authentischen Form gelernt, weswegen wiederum ihre Großmutter, wenn sie vom russischen Festland nach Deutschland zu Besuch kam, beinahe in Ohnmacht fiel, als sie die Kleinen schimpfen hörte. Sie versuchte, diese Muttersprache durch ihre fürsorgliche Großmuttersprache zu ersetzen. Mit Erfolg. Mein Sohn meinte neulich, wahres Russisch habe er eigentlich nur bei Oma gehört. Überhaupt hätte er in seiner Kindheit viel mehr Bezug zu seiner Oma als zu seinen eigenen Eltern gehabt, weil es nämlich die Oma gewesen wäre, die ihm die wichtigsten Dinge beigebracht habe, die einem Kind die Tür zum Erwachsenwerden öffnen.

»Von Oma habe ich beispielsweise das Fahrradfahren gelernt!«, behauptete Sebastian.

»Das ist eine falsche Erinnerung, Junge, dein Gedächtnis täuscht dich«, versuchte ich, ihn aufzuklären. »Du kannst jemandem nur etwas beibringen, wenn du es selbst kannst. Und ich habe die Oma nie Fahrrad fahren gesehen.«

»Natürlich kann man jemandem etwas beibringen, was man selbst nicht kann«, widersprach mir Sebastian. »Das machen doch die Lehrer in der Schule auch! Als ich auf meinem ersten Fahrrad auf dem großen Platz vor dem Mauerpark herumgeeiert bin, ist Oma allein hinter mir hergelaufen und hat ›Halte durch!‹ geschrien. Sie hat mich jedes Mal, wenn ich herunterfiel, wieder aufgehoben und aufs Rad gesetzt. ›Du schaffst es!‹, hat sie gesagt. Und ihr habt währenddessen in der Kneipe gesessen, aus der Ferne zugeguckt und euch in eurer Muttersprache unterhalten.«

Ja, das konnte stimmen, erinnerte ich mich. »Weil wir der Meinung waren, dass es wenig Sinn hat, einem Kind auf dem Fahrrad ständig hinterherzurennen. So lernt es nie, alleine geradeaus zu fahren. Und auch die Oma wird deinem Fahrrad nicht ein Leben lang hinterherlaufen. Wir wollten sie damals bremsen, sie war aber nicht aufzuhalten«, verteidigte ich unser einstiges Erziehungskonzept. »Es ist natürlich eine große Leistung von dir, mein Junge, dass du trotz Oma Fahrradfahren gelernt hast.«

»Und wer hat mir beim Schnürsenkelbinden geholfen?«, fuhr Sebastian fort. »Euretwegen konnte ich mir sehr lange nicht die Schuhe binden, ihr habt mir sogar extra immer welche mit Reißverschluss gekauft, damit ich es niemals lerne.«

»Das ist ein kausaler Fehler, Junge, du verwechselt Ursache und Wirkung«, bestritt ich seine Theorie. »Eine eindeutige Schuldverlagerung, ein Abwehrmechanismus, bekannt aus den Grundlagen der Psychoanalyse. Nur weil das Kind mit Schnürsenkeln nicht klarkommt, muss man es nicht gleich mit der traumatischen Erfahrung des eigenen Scheiterns konfrontieren. Irgendwann wird er das schon lernen, dachten wir, und haben dir Schuhe mit Reißverschluss gekauft.«

»Und dann habt ihr mich zum Fußballspielen geschickt und habt mir keine schnurlosen Fußballschuhe gekauft! Ich war Torwart! Weißt du, wie peinlich es ist, mit losen Schnürsenkeln im Tor zu stehen? Zum Glück hat mir Oma damals geholfen, und ihr habt danebengestanden und gelacht!«, nickte Sebastian.

»Es war aber auch lustig«, konterte ich. »Jedes Mal, wenn eine gefährliche Situation am Tor entstand, lief Oma zu dir, um dir die Schnürsenkel zuzubinden, und verdeckte dir vollkommen die Sicht aufs Feld. Sie hat maßgeblich dazu beigetragen, dass die Turboschnecken gegen die Tausendfüßler 8:0 verloren haben. Dafür waren die Schnürsenkel des Torwarts aber immer ordentlich gebunden.«

Später hat Sebastian viel Kampfsport gemacht. Bei Judo und Karate musste er auf keine Schnürsenkel mehr aufpassen, weil man beim Training die meiste Zeit ohnehin barfuß läuft. Doch auch beim Judotraining war Oma dabei und hat geholfen.

»Ich war ganz neu in der Gruppe, ohne Kampferfahrung, und musste gleich gegen ein großes dickes Mädchen antreten«, erinnerte sich mein Sohn. »Die war ein richtiges Ass. Kaum hatte ich mich umgeschaut und Luft geholt, sprang sie schon auf mich zu, warf mich zu Boden und würgte mich beinahe zu Tode. Na, du, dachte ich, lass los, ich habe gewonnen! Judo ist schließlich die Kunst des Nachgebens. Übersetzt heißt es ›Siegen durch Nachgeben‹. Ich lag also auf der Matte und habe gewartet, dass sie mich endlich in Ruhe lässt. Gewonnen ist schließlich gewonnen. Außerdem konnte ich sowieso nichts tun, sie wog mindestens eine Tonne. Mit letzter Kraft habe ich auf die Matte geklopft. Ich habe geklopft und geklopft, aber das Mädchen ließ nicht locker. Die anderen haben nur geschrien: ›Komm, Sebastian, versuch dich zu befreien!‹ Aber niemand kam mir zu Hilfe, außer Oma. Sie sprang auf die Matte und zerrte das große Mädchen von mir weg. Nur dank Oma bin ich überhaupt noch am Leben«, schlussfolgerte mein Sohn. »Sie hat mich immer gehört, sie hat mich immer verstanden.«

Der Junge hat recht, überlegte ich. Es gibt sie, diese spezielle Weisheit der Omas, die nur in Großmuttersprache erklärt werden kann. Sie lehrt uns Demut. Sie sagt: Ja, alle Menschen sind verschieden. Und diese Ungleichheit ist das Schönste an uns, denn jeder kann etwas anderes besser. Und unsere Welt ist auch nicht an allen Ecken gleich wunderschön. Sie ist voller Gefahren, aber doch erträglich, solange irgendwo eine Oma hinter dem Fahrrad herläuft.

Die neue Generation hat es nicht leicht. Sie ist in einen Kokon aus sozialen Netzwerken eingewickelt, in dem alle mit allen gleichzeitig reden, aber keiner hört dem anderen zu. Man kommt sich manchmal taub und stumm vor. Zum Glück haben sie die Großmuttersprache, die keiner außer ihnen – und der Oma natürlich – versteht.

Katzen regieren die Welt

»Kannst du mich bitte zum Fressnapf fahren«, fragte mich meine Mutter. »Ich muss für meine Wassilissa dringend eine neue Futtersorte kaufen. Sie frisst so wenig in der letzten Zeit und sieht schon ganz abgemagert aus.«

»Äh?« Ich zweifelte an der Richtigkeit dieser Aussage. Mamas Katze bringt 8,5 Kilo auf die Waage. Sie ist eine riesige zottelige Kugel, die drei Mahlzeiten am Tag bekommt, ständig irgendetwas im Maul hat und nicht ans Abnehmen denkt.

Wie schaffen es Katzen bloß, uns Menschen zu manipulieren und unsere Gedanken durch ihre eigenen zu ersetzen, ohne dass wir es merken?, überlegte ich auf dem Weg zum Fressnapf. Es würde mich nicht wundern, wenn auch hinter allen Politikern, Präsidenten, Kanzlern, Generalsekretären und Parteivorsitzenden in Wahrheit Katzen agierten. Jeder von ihnen hat eine Politkatze zu Hause, die sein Handeln steuert. Deswegen schaukeln diese Präsidenten und Vorsitzenden so komisch beim Gehen, als wüssten sie plötzlich nicht mehr, wo sie hinmüssen und was noch zu sagen wäre.

Da ist ihre Politkatze wahrscheinlich gerade auf die Toilette gegangen. Wir regen uns über Zeitgenossen in Machtpositionen auf, werden in Wahrheit aber von Katzen regiert. Ich glaube, auch die großen Werke der Weltliteratur sind von Katzen diktiert worden. Von *Moby Dick* bis zum *Steppenwolf*. Höchstwahrscheinlich hat Hermann Hesse sein ganzes Nobelpreisgeld für Katzenfutter ausgegeben. Die meisten Menschen bemerken die Versklavung durch ihre Haustiere gar nicht. Der Fressnapf war überfüllt von fröhlichen Bürgerinnen und Bürgern, die gerade dabei waren, ihren Mindestlohn, ihr Kindergeld, ihre Rente und Grundsicherung für das Wohl ihrer kleinen Freunde auszugeben. Die meisten waren von Hunden versklavt und schleppten riesige Berge von Konserven zur Kasse. Es ist nicht zu fassen, was so ein mittelgroßer Hund täglich an Nahrung braucht. Aber auch Katzendiener waren im Geschäft reichlich vertreten.

Meine Mutter lief entschlossen an allen Regalen vorbei, in denen irgendetwas mit Gemüse stand, Wassilissa lehnt das nämlich strikt ab. Kaninchen mit Tomate, Lachs mit Pferd, Hirsch mit Huhn, Einhorn mit Karotte, das alles in Stückchen, Häppchen oder als Pastete, gehackt oder gerieben – unzählige Kreationen, die Mama komplett unbeachtet ließ, als wüsste sie genau, was ihre Katze brauchte. Ich staunte nicht schlecht über die Anzahl der Futtersorten. War das nicht ein klarer Beweis für die Abhängigkeit der Men-

schen von ihren Haustieren, dass die Auswahl von Katzen-
konserven in ihrer Vielfalt oder auf Neudeutsch gesagt die
Diversität jeder Speisekarte für Zweibeiner überbot? Auch
hätte ich gern gewusst, wer sich all diese perversen Gerichte
ausgedacht hatte, und was seine Katzen zu Hause rauchten.
Es musste starkes Zeug sein.

Mama kaufte schließlich einen Karton »Känguru als Pastete mit Geleesauce«.

»Das wird ihr guttun«, meinte sie überzeugt.

»Woher willst du wissen, was deine Katze will? Hat Wassilissa das Känguru auf Deutsch oder auf Russisch bestellt?«,
fragte ich sie.

Mama wollte das nicht kommentieren. Im Internet habe
ich nachgegoogelt und fand zu dem Thema eine fundierte
wissenschaftliche Theorie. Sie besagte, dass Katzen unsere
Gedanken und unseren Willen mittels Toxoplasmose kon-
trollierten, eine Infektion, die zunächst bei Mäusen festgestellt worden war, die mit Katzenhaaren oder Katzenaus-
dünstungen in Kontakt gekommen waren. Die infizierten
Mäuse waren durch die Parasiten wie fremdgesteuert. Sie
verloren jede Angst und Vernunft und spazierten der Katze
geradewegs ins Maul. Nachdem aber Mäuse in den Wohnungen weitgehend rar geworden sind oder ganz ausgerot-
tet wurden, haben Katzen Menschen als neue Nahrungs-
quelle entdeckt und mithilfe der Toxoplasmose unbemerkt
versklavt. Sie brachten die Menschen unter anderem

dazu, Katzenklos in verschiedenen Farben und Formen zu produzieren, Katzenhäuser und Kratzbäume anzubieten, unzählige niedliche Katzenbilder anzufertigen und durch das Internet zu streuen, damit sich immer mehr Menschen Katzen zulegten und weitere hochmoderne Produktionsstätten für Katzenfutter überall im Land errichteten.

Laut wissenschaftlicher Theorie sind aber nur 5 bis 10 % der Menschheit von Toxoplasmose befallen, die restlichen 90 % sind immun. Bei ihnen handelt es sich wahrscheinlich um Hundeliebhaber. Sie bleiben Katzen gegenüber gleichgültig. Aber unsere Familie hat es voll erwischt. Bei uns haben alle Katzen. Mein Sohn Sebastian ist endlich aus der Elternwohnung ausgezogen, nahm aber als Erbstück Kater Fjodor Dostojewski in sein neues Zuhause mit. Dostojewski muss nämlich mindestens fünfmal am Tag gestreichelt werden, und einmal am Tag muss er raus, um sich im Treppenhaus auf dem Rücken zu wälzen, sonst dreht er durch, behauptet Sebastian. Seitdem sieht der Sohn es als seine Hauptlebensaufgabe, Dostojewski zu streicheln und mit ihm im Treppenhaus spazieren zu gehen. Wegen dieses Katers, sagt er, kann er nicht arbeiten gehen oder zum Studieren in eine andere Stadt fahren, ganz zu schweigen davon, Deutschland zu verlassen.

Meine Tochter Nicole hat zwei Katzen, die sie ständig dazu bringen, ihnen neues Spielzeug zu kaufen. Laserstrahlgeräte und kleine quietschende Gummifische. Außerdem wollen ihre Katzen jeden Donnerstag *Germany's Next*

Topmodel sehen. Wenn Nicole dann gerade keine Lust auf Fernsehen hat, randalieren ihre Katzen und schmeißen mit Trockenfutter um sich.

Meine Mutter wurde von ihrer Katze als Geisel genommen. Wassilissa kontrolliert den Tagesablauf von Mama. Wenn sie zu lange vor dem Fernseher sitzen bleibt, zieht die Katze sie an der Strumpfhose vom Sessel weg. Wenn Mama nach Ansicht der Katze zu lange im Bett liegt, springt Wassilissa ihr auf die Brust. Mehrmals hat meine Mutter davon geträumt, ihre Katze würde mit ihr sprechen. Im Traum sagt die Katze: »Wach auf Shanna!« oder »Australische Ureinwohner mit acht Buchstaben«. Letzteres kam wahrscheinlich aus dem Kreuzworträtsel, das meine Mutter nicht lösen konnte. Die Katze hatte sich nämlich auf die Rätselseite gesetzt und wollte den Tisch nicht mehr verlassen. Als sie nach einer Weile doch aufsprang, waren alle Fragen des Kreuzworträtsels weg, einfach verschwunden. Die Katze hat sie irgendwie mitgenommen und gibt Mama seitdem jede Nacht eine Frage frei.

»Känguru«, dachte meine Mutter im Halbschlaf, »sie will Känguru haben.«

Mit Australiens Ureinwohnern lief aber etwas schief. Wassilissa hat das ganze Gelee von der Pastete geleckt, das eigentliche Känguru aber auf dem Teller liegen gelassen.

»Was mache ich nur mit ihr?«, regte sich meine Mutter auf.

Ja, es ist nicht leicht, einer Katze zu dienen. Aber es lohnt sich. Trotz ihres komplizierten Charakters sind Katzen als anregende Mitbewohner nicht zu schlagen. Kein Mensch, keine Frau, kein Mann, kein Kind und kein Hund können eine Katze ersetzen. Sie sind eigenwillig und wollen sich nicht unterordnen. Sie wollen einerseits ständig gestreichelt werden, sind aber gleichzeitig nicht eifersüchtig, wenn der Mensch eine andere, eine fremde Katze streichelt. Und bei allem, was sie tun, selbst wenn sie in ihre Kiste kacken, wirken sie anmutig und elegant.

Die Stadt der Tugend

Bürgermeister Klaus Wowereit hat die deutsche Hauptstadt einmal als arm, aber sexy bezeichnet. Er war sehr um den Ruf Berlins besorgt und hat den Bau des Berliner Flughafens mit allen Mitteln gebremst, wahrscheinlich aus Angst, dass ihm die Berliner wegfliegen. Der Bürgermeister ist nun schon längst Rentner, und aus dem Flughafen wurde ein »Turm zu Berlin«, ein grandioses Bauprojekt, das im Nichts endet. Aber das verruchte Image ist an der Stadt haften geblieben. Junge Menschen aus aller Welt kommen hierher, um zu feiern, zu tanzen und zu demonstrieren, und die Krimiserie *Babylon Berlin – Stadt der Sünde* hat anscheinend die ganze Bundesrepublik angeschaut.

Und, ja, in gewisser Weise ist Berlin mit dem biblischen Babylon vergleichbar, zumindest was die Sprachverwirrung betrifft. In vielen Restaurants verzichten die Kellner darauf, Deutsch mit den Gästen zu sprechen. Besonders die eingewanderten Amerikaner und Franzosen wollen das nicht. Die neu angekommenen Syrer und Iraker geben sich dagegen Mühe, aber ihr Deutsch bleibt oft unverständlich.

Die Stadt der Tugend

Auch die ständig wachsende Anzahl von Baustellen mit unklar definiertem Bauvorhaben erinnert an das biblische Babylon mit seinem Turm. Der war damals schon ein Zeichen von menschlichem Übermut und Leichtsinn. Wir stehen heute vor ähnlich sündhaften Herausforderungen. Vielleicht wäre ein Turm zu Berlin gar nicht so verkehrt. Wenn schon »Stadt der Sünde«, dann doch lieber mit Turm als ohne. Aber solche Umweltfragen scheinen hier nur die Kinder zu beschäftigen. Sie demonstrieren jede Woche. Statt in die Schule zu gehen, malen sie lustige Plakate. »Der Sommer ist heißer als mein Boyfriend«, hat meine Tochter auf dem Plakat einer Zehnjährigen gelesen. Deren vermutlicher Freund stand grinsend neben ihr mit dem Transparent »Es gibt kein Bier auf dem Mars, das finde ich blöd«. Ein anderes kleines Mädchen hielt ein Plakat hoch mit der Aufschrift »Die Jahreszeiten sind irregulärer als meine Periode«.

Wenn die Erwachsenen versagen, müssen die Kinder die Welt retten. Ihre Lehrer finden das Anliegen richtig und wichtig, gehen aber selbst nicht zur Demo, sondern lieber nach Hause. Doch die Proteste und Diskussionen halten diese Stadt lebendig. Kein Wunder, dass meine erwachsenen Kinder nicht aus Berlin wegzubekommen sind. Sie sind wie Pflastersteine in diese Stadt hineinzementiert. Ich versuche es trotzdem immer wieder, damit sie erfahren, dass es auch ein Leben jenseits der Hauptstadt gibt. Man braucht allerdings schon einen gewichtigen Anlass, um diese Kinder in Bewegung zu setzen. Sebastian ist jetzt bereits zweimal nach Barcelona geflogen, ich vermute, er hat dort jemanden kennengelernt. Und Nicole war sogar schon einmal in Augsburg. Aus der Stadt der Sünde in die Stadt der Tugend, das glich in meinen Augen einer Weltreise.

Ihre Forschungsgruppe, die sich an der Humboldt-Universität mit Gender Studies beschäftigt, war zu einer internationalen Konferenz nach Augsburg eingeladen worden. Sie fuhren alle zusammen hin: ihre Dozentin, eine Inderin mit Bart, ein Junge und drei Mädchen. Drei Tage in Bayern werden dem Kind bestimmt Spaß machen, dachte ich. In der Tat hat Nicole in Augsburg einen Kulturschock erlebt.

»Es gibt in Bayern eigentlich überhaupt keine Gender Studies«, berichtete sie. Auf der Konferenz drehte sich alles nur um Geschlechterrollen in der sogenannten »traditionellen Familie«, die sich im Bermudadreieck zwischen Küche, Kinder und Kirche verlaufen. Aber was war mit den alternativen Formen des Zusammenlebens? Mit Transgender? Mit Heterogenität in multikulturellen Beziehungen?, hakten die Berliner nach.

»Auf diese Fragen sind wir in unserer Forschung nicht eingegangen«, distanzierten sich die Augsburger höflich, aber entschlossen von unseren Babylon-Bewohnern. Bei der Konferenz drehte sich alles um die Probleme einer weißen heterosexuellen Familie mit Kindern, wie sie im Babylon-Berlin nur am Stadtrand zu finden war. Aus Sicht meiner

Tochter gab es nur zwei gesellschaftlich relevante Vorträge, die dem Geist der Zeit Rechnung trugen, und beide Referenten stammten aus dem Ausland. Eine Frau aus Slowenien berichtete über die Zugehörigkeitsschwierigkeiten von Transmännern, die früher Frauen gewesen waren, in den Geburtsabteilungen der Krankenhäuser. Und eine Teilnehmerin aus Kanada erzählte von »alleinerziehenden Männern ohne Hauptschulabschluss«.

Die Konferenz hat unsere Humboldtianer nicht sonderlich beeindruckt. Umso mehr waren sie von ihrem Hostel begeistert. Sie waren nämlich in einem soziokulturellen Wohnprojekt untergebracht, das von Künstlern ins Leben gerufen worden war. Die Idee des Projektes bestand darin, dass Touristen und Geflüchtete sich Haus und Küche teilten. Auf diese Weise würde man die Integration von Touristen in die neue bunte Welt beschleunigen, so dachten die Betreiber. Kein Zimmer glich dem anderen. Es gab eins mit Wald und Wiese, wo Geflüchtete oder Touristen auf Holzpodesten schliefen, ein Zimmer ganz in Pink, für alle die Pink mochten, und ein Zimmer der Träume – ganz ohne Möbel und weiß gestrichen. »What do you really want?«, stand an der Decke. In der Kantine sollten Geflüchtete und Touristen aus aller Welt der Reihe nach ihre Kochkünste präsentieren. Der Keller war zum Partyraum umgebaut worden, in dem Konzerte stattfanden. Schnell hatte sich das Hostel als angesagtester Ausgeh-Ort Augsburgs etabliert.

Sonst war aber in der Stadt nicht viel los. Im Waschraum der Frauentoilette hat meine Tochter dann eine Flyer-Ecke entdeckt. Sie nahm ein paar Flyer mit, um zu erfahren, was in der Stadt so los war. Auf einem stand, der stellvertretende CSU-Vorsitzende würde am Sonntag in der Kirche St. Ulrich über die fundamentalen Werte der Familie sprechen. Der andere war eine Einladung zur Seelsorge für Frauen während der Fastenzeit: »Wege zur Stille«. Die Botschaft an die Frauen, die von diesen Flyern ausging, war unmissverständlich: Bleibt zu Hause und haltet die Klappe.

Das Hostel selbst schien jedoch eine kleine babylonische Insel in dieser Stadt der Tugend zu sein, obwohl seine Diversität auch nicht von allein aufblühte. Die Touristen und Studenten wollten tanzen, die Geflüchteten wollten schlafen, die Mütter ihre Kinder rechtzeitig ins Bett bringen. Aber wie sollte das gehen, wenn im Erdgeschoss ständig eine Rockband spielte? Außerdem wollten die Geflüchteten nicht ständig kochen. Nur die Afghanen taten es fleißig und bereiteten Linsen mit Spinat in einer braunen Soße zu – ein Traum für die vegane Jugend.

In drei Tagen haben die Berliner ganz Augsburg zu Fuß in jede Richtung abgeklappert. Sie fanden die Stadt niedlich. Am Tag vor ihrer Abreise gingen sie auf eine Umweltdemo, denn auch in Augsburg wollten die Schüler am Freitag nicht mehr lernen. Trotz Regen waren viele erschienen, vor allem ältere Semester, und sogar Augsburger Antifas waren anwesend. Sie waren zu acht. »Der Sommer ist heißer als mein Boyfriend«, hatte eine Zwanzigjährige auf ihrem Plakat stehen. Das hat sie bestimmt im Netz den Berliner Kids abgeguckt, lachten die Babylonier.

Auf der Rückfahrt bat die Dozentin ihre Gruppe, eine Nachbearbeitung der Konferenz durchzuführen. Immerhin waren sie nicht zum Spaß in Augsburg gewesen, sondern dienstlich als Berliner Genderbeauftragte in Bayern. Aus der Nachbearbeitung wurde aber nichts. Der Zug kam außerplanmäßig zum Stehen.

»Wir sind aus Versehen falsch gefahren«, teilte der Zugführer über die Lautsprecheranlage mit, »und haben es nicht geschafft, Erlangen zu erreichen.« Daraufhin fuhr der Zug eine halbe Stunde lang rückwärts nach Erlangen. Es wurde gemütlich. Die müden Genderbeauftragten hörten Musik und schliefen dabei ein.

Die Weltverbesserer

»Ich habe eine gute und eine schlechte Nachricht für dich, Papa. Welche willst du zuerst hören?«, fragte mich mein Sohn.

Die elterlichen Versuche, bei der Lebensplanung des jungen Mannes mitzuwirken, haben längst die Form einer UNO-Versammlung angenommen. Dem Sohn gelingt es außerordentlich gut, die Aufmerksamkeit von seinem individuellen Lebenslauf auf das Schicksal des gesamten Planeten umzulenken. Anders als bei der UNO finden unsere Treffen allerdings in der Regel in dem schönen vietnamesischen Imbiss statt, der aus einem nepalesischen Streetfood-Restaurant hervorgegangen ist. Eine Panflöte spielt im Hintergrund eine endlose Melodie, und der große goldbemalte Buddha, an einigen Stellen sichtbar von Kindern und Hunden zerkratzt, steht auf dem Fensterbrett neben unserem Tisch. Er schaut beruhigend auf uns herab, als wollte er sagen: »Alles vergeht. Das Kleine wird groß und das Große klein. Genieß den Augenblick, nimm die 108.« Die 108 ist meine Lieblingsnummer auf der Speisekarte des

Ladens, Ente süßsauer mit Gemüse. Dazu bestelle ich ein Glas Rotwein, den einzigen, den sie haben. Er heißt auf Vietnamesisch »Merlotcabernetsauvignon«. Ich habe lange gebraucht, um zu verstehen, dass es sich dabei nicht um drei verschiedene, sondern um ein und denselben Wein handelt. Er schmeckt aber gut.

»Ist egal, welche zuerst. Schieß einfach los«, sagte ich resigniert. Die Logik des Sohnes war immer gut nachvollziehbar. Die Welt war schlecht. Alle sogenannten Jobangebote, die er bekam, waren nichts anderes als verzweifelte Versuche alter Menschen, diese schlechte Welt weiterbestehen zu lassen. Es ergab aber für den Jungen keinen Sinn, nach kleinen scheinheiligen Gewinnen zu schielen, wenn doch die Welt neu gestaltet werden musste! So begründete mein Sohn seinen gegenwärtigen Unwillen, sich einen Studien- oder Arbeitsplatz zu sichern. Der Buddha lachte, ich lachte innerlich mit. Es hatte natürlich genau so kommen müssen, dass ausgerechnet wir Migranten, die aus der schlecht verbesserten sozialistischen Welt der Sowjetunion in das kapitalistische Deutschland geflüchtet waren, nun unnachgiebige Weltverbesserer als Kinder hatten.

Der Sohn kritisierte Deutschland und die Macht des Kapitals. Sie sei an der Erderwärmung schuld, weil sie die Gemüter erhitzte. Die Menschen rannten dem Geld und ihrem imaginären Erfolg hinterher, verheizten dabei sich selbst und ihre Umwelt, angetrieben von Konkurrenz, Marktgeschrei und Größenwahn. Und der Planet wehrte sich wie der menschliche Körper, wenn er sich von Mikroben angegriffen fühlte, die er als schädlich einstufte. Dann erhöhte der Körper seine Temperatur um ein paar Grad, was die Angreifer verkochen ließ. Genau das passierte jetzt mit uns. Der Planet hatte uns als Schädlinge ausgemacht und wehrte sich.

»Deswegen müssen wir unser Handeln und überhaupt unsere Lebensweise ändern!«, meinte Sebastian. »Wir müssen die menschliche Welt neu gestalten.« Und darauf habe er wirklich große Lust. Er wisse jetzt, was er werden wolle: ein Weltdesigner. Er habe sogar schon eine megacoole Werbeagentur gefunden, die ihm ein Praktikum gewährte, er müsse bloß noch Arbeitsproben liefern.

Pause. Pathetisches Schweigen. Mikroben und Planeten absolvierten in der Stille einen seltsamen Eiertanz um uns herum.

»Das ist aber eine sehr gute Nachricht«, nickten wir diplomatisch mit Buddha zusammen und warteten auf die Fortsetzung.

Wie sich herausstellte, brauchte das Kind einen neuen Laptop mit einer entsprechenden Grafikkarte, um die Arbeitsproben zur Weltverbesserung zu liefern. Denn auf seinem alten konnte er die Welt nicht neu gestalten. Mit dem konnte er nur Filme in schlechter Qualität angucken. Dieser neue Weltgestaltungslaptop kostete aber unsägliche 3000,- Euro.

»Ich habe mich schon nach dem günstigsten Modell umgeschaut, und ich verstehe die Unverschämtheit meiner Frage voll und ganz. Ich habe auch bei meinen Freunden gefragt. Sie wären bereit, zur Not das nötige Geld zusammenzulegen. Aber zuerst wollte ich euch Eltern fragen. Haltet ihr ein Darlehen, oder nennen wir es eine Investition in die Zukunft, in meine Zukunft und in die des Planeten, für denkbar?«

Der Buddha zwinkerte mir zu. Na, was sagst du jetzt?

Ich schwieg. Als ich Greta Thunberg zum ersten Mal im Fernsehen gesehen hatte, wusste ich sofort, die Rettung des Planeten durch Kinderarbeit würde uns alle teuer zu stehen kommen. Es war eine ausweglose Situation. Kaufte man dem Kind das sauteure Spielzeug, gab es selbstverständlich keine Garantie, dass seine Kreativität stieg. Ob er tatsächlich losrannte, um die Welt zu retten, oder stattdessen weiter Serien anschaute, nur eben in besserer Qualität, das konnte nicht einmal Buddha voraussagen. Verweigerte man dem Jungen den Kauf, war man schuld am Untergang des Planeten.

Der Sohn merkte, dass unsere Sitzung ins Stocken geriet, und lenkte ab. »Ein anderes Thema – wie geht es meiner Schwester?«

In letzter Zeit sahen sie sich selten, sie retteten den Planeten von verschiedenen Seiten. Der Junge wollte das Äußere umgestalten, das Mädchen ging in die Tiefe. Ihr

Professor für Ethnologie hatte einmal gesagt: »Grab dort, wo du stehst.« Das tat sie auch. Nicole hat sich lange und tiefgründig mit dem Thema Rassismus und Sexismus in unserer Gesellschaft auseinandergesetzt. Die wissenschaftliche Literatur zu diesem Thema gab sie an mich weiter mit der Aufforderung, sie durchzulesen. Danach führte sie mit mir Erziehungsgespräche, um meine anerzogenen Ressentiments auszurotten. Wir waren nämlich alle rassistisch erzogen worden, ohne es zu merken.

Eine Wissenschaftlerin aus Nicoles Buchregal beschrieb sehr eindringlich, dass die Kleinen bereits im Kindergarten mit der Frage »Wo kommst du her?« konfrontiert und in alte rassistische Muster gezwängt wurden. Ein fünfjähriges Kind mit nicht-weißer Hautfarbe versucht am Anfang, die Wahrheit zu sagen. Es antwortet ganz unbefangen, es komme gerade von der Toilette oder vom Kinderspielplatz. Aber bereits nach zwei Wochen hat das Kind die richtige Antwort einstudiert, die den Erwartungen der Erwachsenen entspricht. Also sagt es: »Ich bin fünf Jahre alt und lebe seit zehn Jahren in Deutschland.«

Nach Lektüre dieses Buches hat meine Tochter mit Erschrecken festgestellt, dass alle Menschen um sie herum Rassisten und Sexisten waren. Die meisten unbewusst, weil sie gar nicht wussten, dass es auch anders ging. Und was konnte man dagegen tun? Man müsse die Menschen darauf ansprechen, schrieb die Wissenschaftlerin, man dürfe nicht schweigen. Also sprach die Tochter jetzt all ihre Freunde, Eltern und Verwandten an und regte sich über jeden alten Film auf. Vor allem ärgerte sie sich über die Versklavung und Entrechtung der Frau in der alten bürgerlichen Familie, dieser Schmiede von Ungerechtigkeit, Unterdrückung und Korruption.

Wir haben uns kürzlich im Fernsehen einen starken Film zu diesem Thema zusammen angesehen, ein Familiendrama, in dem es explizit um das Leiden und die Zweifel einer unglücklich verheirateten Frau und werdenden Mutter ging: *Rosemaries Baby* von Roman Polanski. Die Frau wurde von ihrem Mann, einem Karrieristen, des Jobs wegen verraten und anscheinend auch vergewaltigt, wobei der Mann ihr sogar als Satan verkleidet erschien.

»Wusstest du, Papa, dass Vergewaltigung in der Ehe erst seit 1997 als Verbrechen anerkannt ist?«, klärte mich die Tochter während der Werbepause auf.

Der Film erzählte eine typische Geschichte über die Erniedrigung und Zurechtweisung der Frau, die sich ihres Unglücks gar nicht bewusst war. Sie lief die ganze Zeit schwanger durch den Film und musste sich ständig von ihren schusseligen Nachbarn, die natürlich alle weiß und heterosexuell waren, anhören, was sie alles falsch machte. Dass sie sich nicht richtig ernährte, das Kind schlecht austrug und überhaupt eine Versagerin war. Sie war während ihrer Schwangerschaft absolut rechtlos und durfte nicht einmal den Arzt wechseln. Am Ende bekam sie noch nicht einmal ein normales Baby, sondern ein stark behaartes, flauschiges Kind mit roten Augen und wurde weiterhin massiv von ihrer Außenwelt unter Druck gesetzt: »Was, bitte schön, bist du denn für eine Mutter? Wie kannst du deinem Baby die Brust verweigern?« Sichtlich verwirrt und überfordert nimmt die Frau das eklige Baby an die Brust.

»Polanski ist es sehr gut gelungen, den ganzen kranken Charakter dieser Unterdrückungsgesellschaft zu zeigen, die uns immer wieder in menschenverachtende, sexistische und rassistische Muster zwängt«, regte sich meine Tochter auf. »Hätte anstelle von Rosemarie eine selbstbewusste emanzipierte Frau gestanden, würde auch das Kind gesünder aussehen«, konstatierte sie. »Man muss die Menschen aufklären, sie dort abholen, wo sie stehen!«, meinte die Tochter.

Und ich, was meine ich? Eigentlich ist alles in Butter. Die Kinder sind beschäftigt, die Welt wird bald nicht mehr so schlecht sein, und der vietnamesische Wein ist zwar nicht das Blut der Erde, aber trinkbar. Also sitze ich weiterhin unter dem zerkratzten Buddha und schaue mir diesen Eiertanz der Planeten und Mikroben mit mehr oder weniger großer Begeisterung an. Ich nehme die Nummer 108 und noch ein Glas Merlotcabernetsauvignon bitte, danke schön.

Die Märchen der neuen Zeit

Es kommt oft vor, dass sich alte Menschen über die Neuen aufregen. Die wirken auf sie nämlich wie Außerirdische. Beim Gespräch schauen sie öfter auf ihre Smartphones als in die Augen ihres Gegenübers, sie verbringen mehr Zeit im virtuellen als im realen Leben und beherrschen kein Telefongespräch mehr. Stattdessen schreiben sie einander kurze Telegramme, Hunderte am Tag. Dabei ersetzen sie Buchstaben oder sogar ganze Sätze durch kleine lustige Zeichnungen, Gesichter oder Tiere, Finger, Herzchen und Pflanzen, Bilder mit kaum nachvollziehbarer Bedeutung – verstehe jeder, was er will.

»Sind die von einem anderen Planeten?«, beschweren sich die alten Menschen. Als hätten sie andere Märchen in der Kindheit gehört. Denn eigentlich wird unser Leben nach den Geschichten strukturiert, die wir als Kinder von Erwachsenen gehört oder vorgelesen bekommen haben. Unbewusst versuchen wir in schwierigen Situationen, wenn von uns Entscheidungen verlangt werden, wie die Märchenfiguren unserer Kindheit zu handeln oder diese Märchen sogar als Vorlage zu benutzen und ins eigene Leben zu übertragen.

Die kulturelle Entwicklung bietet jede Menge Benimmmuster für Männer, die ständig etwas leisten müssen und niemals weinen oder sich schminken dürfen, und drei Muster für Frauen, damit sie sich reibungslos in der Gesellschaft zurechtfinden. Diese Muster heißen namentlich: Dornröschen, Rapunzel und Aschenputtel. Also schlafen, kämmen und putzen. Alle drei lernte meine Tochter schon an ihrer Schule kennen: das Mädchen mit den langen Haaren, das an nichts anderes als ihre Frisur denken konnte. Die verträumte Person, die sogar am Tag immer schlief, bis sie einem groß gewachsenen dicken Zwölftklässler begegnete und zu einer noch langweiligeren Tante wurde. Und auf das Aschenputtel traf sie natürlich auch, eine Streberin, die alles richtig machen und allen immer gefallen wollte. Deswegen studiert meine Tochter heute Gender Studies: um einen Ausweg aus diesem Dreieck zu finden. So glaube ich jedenfalls.

Das Märchen vom Aschenputtel ist übrigens in mehr als 900 Volksgruppen vertreten und öfter gedruckt worden als die Bibel. Die Geschichte über die böse Stiefmutter und ihre fleißige, aufrichtige Stieftochter bildet die vorherrschenden Machtverhältnisse in den Gesellschaften auf allen Kontinenten perfekt ab. Das Märchen ist überall gleich: Es geht um eine junge Frau, die logistische Aufgaben einwandfrei beherrscht, jede Arbeit im Haus und Garten erledigt und gegen den bösen Willen der Stiefmutter besteht. Am Ende wird sie belohnt.

Allerdings unterscheidet sich die Art der Belohnung je nachdem, in welchem Land das Aschenputtel ausgebeutet wird. In Gesellschaften mit monotheistischer Religion wie dem Judentum, Christentum und Islam, die eine seelische und sogar physische Verwandlung des Menschen gutheißen, wird Aschenputtel eine Aufwertung ihres Aussehens als Belohnung in Aussicht gestellt. Das Mädchen verwandelt sich in eine wahre Schönheit nach den Vorstellungen jener Gesellschaften. Sie strahlt wie die Sonne, ihre Haare werden zu Gold, sie duftet wie ein Rosenstrauß. In archaischen Kulturen mit überwiegend heidnischer Bevölkerung ist eine physische Transformation des Aschenputtels eher unpopulär. Stattdessen wird sie in Form großzügiger Gaben ausgezeichnet – mit Edelsteinen, Edelmetallen, Nutztieren und nach Bedarf auch mit einem Prinzen.

In modernen atheistischen Industriegesellschaften wie Deutschland bekommt das Aschenputtel alles. Die deutsche Variante des Märchens kommt jedes Jahr aufs Neue in Form einer Fernsehsendung über uns. Sie heißt *Germany's Next Topmodel*, wird mehrere Wochen lang jeden Donnerstag um 20.15 Uhr ausgestrahlt, und alle gucken zu. Sogar das Seminar für Frauenrechte des Fachbereichs Gender Studies der Humboldt-Universität Jungs wie Mädchen, kam jeden Donnerstag bei einem Mitstudierenden zusammen. Zuletzt bei Frederike. Sie kauften einen Kasten Sterni, ein paar Flaschen Prosecco, drehten vegetarische Frühlingsrollen per Hand, schlossen den Laptop von Frederike an das alte Fernsehgerät ihrer Eltern an und schauten sich diese Schmach an:

Die böse Stiefmutter Heidi Klum hatte eine Menge Vorarbeit geleistet, um dreißig Aschenputtel aus allen Enden und Ecken des Landes zusammenzubekommen und sie mit unmöglichen Aufgaben zu demütigen. Sie mussten in Bikinis herumlaufen, schlafen, sich kämmen und putzen. Das Publikum durfte abstimmen, wobei dessen Stimmen allerdings nicht gezählt wurden, weil die Stiefmutter wie der Chef von Nordkorea alles allein entschied. Nach jeder Folge wurden Mädchen abgewählt, sodass immer weniger im Rennen waren, und am Ende sollte das beste Aschenputtel alles bekommen: eine schriftliche Bestätigung, dass sie die Schönste im Land ist, und dazu genug Geld, um sich alles zu kaufen, was sie will. Vielleicht sogar einen Prinzen. Als wüsste sie nicht, dass es auch so jede Menge Prinzen gab, draußen auf der Straße, in der Alten Kante – der anspruchslosesten Disko der Stadt. Man musste nur einmal hingehen, schon hatte man zwanzig Prinzen, die man nicht mehr loswurde.

Die Gender Studis machten sich lustig über die Show, vor allem über ihr weibliches Schönheitsideal. Wo doch jedem Idioten längst klar war, was dahintersteckte: die panische Angst der alten weißen Männer, dass ihnen die Frauen wegliefen. Deswegen stellten sie sie auf die High Heels, diese moderne Variante einer Fessel. Damit waren sie gehbehindert und konnten sich kaum noch bewegen. Außerdem mussten sie dünn und unterernährt sein, damit sie sich gegen Männer nicht wehren konnten. Und nicht zu vergessen: Lange Haare mussten sie ja auch haben, damit der Scheißprinz daran hochklettern konnte, weil er zu faul war, den Fahrstuhl zu benutzen. Also begannen die Prinzen bereits im Kindergarten, das Turmbesteigen zu trainieren, indem sie die Mädchen an den Zöpfen zogen, um sich zu vergewissern, dass sie hielten. Natürlich regten sich die Gender Studis darüber auf, und trotzdem ging es ja um Mitmenschen in Not. Manche von ihnen gaben sich so viel Mühe, manche waren schön, und manche mussten einfach gewinnen, dachten die Gender Studis und suchten im Internet, wo sie für das richtige Aschenputtel und gegen das falsche abstimmen konnten.

Zuletzt hatte sich die böse Stiefmutter bemüht, ihre Stieftöchterbrigade maximal divers zu gestalten und eine vielfältige Truppe auf die Bühne zu bringen, damit wirklich jede junge Frau sich mit einem der Aschenputtel identifizieren konnte. Etliche Anastasias waren dabei, von denen man annehmen musste oder sollte, sie hätten russische Verwandtschaft oder wären selbst aus Russland nach Deutschland eingewandert. Die Anastasias fielen durch ihr aufrichtiges Lächeln auf. Sie lachten, auch wenn es nichts zu lachen gab. Wenn Mädchen von den Zuschauern abgewählt wurden und die Show verlassen mussten, haben die anderen

Teilnehmerinnen sie zum Abschied umarmt und ein wenig geweint, der Höflichkeit halber. Auch die Anastasias. Sie haben geweint, aber gleichzeitig haben sie dabei gelacht. Das beherrschen Russinnen einfach.

Es gab mehrere dunkelhäutige Aschenputtel, Rapunzel mit kurzen Haaren, eine Volltätowierte und eine Transe, die sich bei ihrem Bikiniauftritt große Sorgen machte, bei ihr würde alles Angeklebte verrutschen. Sie sei nämlich noch nicht bereit für eine Operation und habe sich die Frauenmerkmale nur provisorisch angeklebt. Natürlich wurde sie als Erste von der Stiefmutter fertiggemacht und abgewählt. Sie war bloß eine Ausnahmeerscheinung mit der Aufgabe, das konservative Ideal der alten weißen Männer letztlich doch als alternativlos zu bestätigen. Das wussten die Gender Studis natürlich bereits, und trotzdem ärgerten sie sich darüber.

Noch witziger wurde es, als Frederike mit Erstaunen feststellte, dass die neue zwanzigjährige Freundin ihres Nachbarn Horst aus Hohenschönhausen in der Sendung mitmachte. Früher hatten sie zusammen im Chor gesungen. Nur dass Horst überhaupt nicht singen konnte, er nuschelte und traf nie den richtigen Ton. Aber mit der neuen Freundin schien er Erfolg zu haben. »Na, Mensch, Horst ist endlich berühmt geworden. Wurde ja auch Zeit«, meinte Frederike.

Jeden Donnerstag trafen sich die Gender Studis zum *Germany's Next Topmodel*-Gucken und lachten sich schlapp über die hilflosen Versuche der alten Welt, mithilfe von Heidi und der Glotze ihre versifften Ideale ins einundzwanzigste Jahrhundert hinüberzuretten. Am Ende jeder Sendung stimmten sie wie verrückt gegen die gedemütigten Blondinen und für kurze Haare, für lachende Anastasias, für die verwirrte Transe. Ihre Stimmen wurden aber nicht gezählt, sie wurden nicht einmal angenommen, weil sie sich die Sendung online und mit Verspätung auf der Webseite des Senders und nicht wie alle normalen Menschen live im Fernsehen angesehen hatten. Also machten sie die Sendung aus und gingen nach draußen, um ihrem Herzen Luft zu machen.

Nach einem ungewöhnlich warmen Winter war der Frühling schneller als erwartet nach Berlin gekommen. Die Brennnesseln blühten. Die Gender Studis holten sich ein paar neue Biere beim Späti und landeten schließlich in der Alten Kante zum »Tanz in den Freitag«. Dort trafen sie einige alte Kumpel und sogar ehemalige Mitschülerinnen aus dem Gymnasium, Menschen, die sie seit Jahren nicht gesehen hatten, und erfuhren so die neuesten Nachrichten: Das Dornröschen hat ihren Winterschlaf anscheinend verpasst und stattdessen den ganzen Winter lang Techno in Berliner Clubs getanzt. Rapunzel hatte aufgehört, sich die Beine zu rasieren, und ihren dicken Prinzen zum Teufel geschickt. Sie hat sich eine modische Zwanzigerjahrefrisur machen lassen und war nach Kerala gefahren, um dort Waisenkindern Deutsch beizubringen. Es war an der Zeit, die alten Märchen neu zu schreiben.

Das Problem mit den Jahreszeiten

»Berlin ist im Herbst kaum zu ertragen. Egal wann man aufsteht, es ist immer dunkel und grau«, beschimpfte meine Tochter die Jahreszeit.

»Liebes, natürlich wird es immer dunkel sein, wenn du erst um sieben Uhr früh ins Bett gehst und dort bis zum Nachmittag liegen bleibst. Du und die Sonne, ihr verpasst euch einfach andauernd«, rechtfertigte ich die Ordnung des Universums. »Gestern Mittag zum Beispiel war es draußen richtig hell!«

Wir älteren Menschen leben nach dem Uhrzeigersinn. Der Tag beginnt mit dem Gang auf die Toilette und endet nach der Abendshow. So weit, so gut. Die Jugend aber trotzt dem Uhrzeiger. Sie sieht sich jetzt schon in der Zukunft, und diese Zukunft ist gigantisch, aufregend und grenzenlos. Sie beginnt gleich nach dem Frühstück am späten Nachmittag. Im Lauf eines Lebens aber schrumpft die Zukunft wie eine Trockenpflaume und hat irgendwann nur noch die Größe eines Kalenderblattes. Meine Mutter braucht gerade einmal zehn Minuten, um ihre Termine für die ganze Woche in ihr Smartphone einzutragen: die Arztbesuche, den Friseur und das wöchentliche Konzertprogramm. Mehr ist von der Zukunft nicht zu erwarten.

Diese beide Zukünfte, die der Jungen und die der Alten, existieren quasi parallel nebeneinander, sie kreuzen sich nie, was als Beweis dafür dienen kann, dass es keine universelle Zeit für alle gibt. Jeder hat seine eigene. »Du musst deine Tagesordnung umdenken und früher ins Bett gehen, Töchterchen, dann siehst du auch mal die Sonne«, sagte ich. Meine Tochter ist eigentlich keine Partymaus, sie führt ein anstrengendes Studentenleben, liest dicke philosophische Wälzer, besucht Seminare in Ethnologie und schreibt wissenschaftliche Aufsätze. Nebenbei geht sie noch für den Mindestlohn arbeiten, weil sie ihre Unabhängigkeit bewahren will, kümmert sich um ihre Katzen, strickt und geht mit mir einmal die Woche schwimmen. Nur manchmal überreden ihre Freundinnen und Freunde sie, zum Feiern mitzukommen. Und weil sie viele Freundinnen und Freunde hat, ist das relativ häufig und ausdauernd.

So kam es auch, dass Nicole drei Tage lang Halloween feiern musste: Es fing mit den Studenten der Humboldt-Universität in deren Studentenheim an. Nicole war als Meerjungfrau verkleidet ganz in Blau und mit Glitzer-schuppenoberteil. Die Physiker trugen ebenfalls passende Klamotten. Einige Jungs hatten lustige Mützen aus Alufolie auf dem Kopf – sie gingen als Verschwörungstheoretiker.

Andere hatten sich als kaputte Uhren verkleidet, deren Zeiger in verschiedene Richtungen deuteten. Auf diese Weise wollten die Physiker auf die Sinnlosigkeit der Zeitumstellung hinweisen. Aus physikalischer Sicht gab es nämlich überhaupt keine Zeit, jeder Mensch tickte anders. Ein Physikstudent hatte sich als Einstein verkleidet, allerdings fiel ihm ständig der angeklebte Schnurrbart ab.

Die beste Freundin meiner Tochter hatte ihren mexikanischen Freund, der in Dresden BWL studierte, zu der Party mitgebracht und als Mafiaboss verkleidet. Die Freundin selbst hatte sich als Wahrsagerin geschminkt. Mit einem dritten Auge auf der Stirn versuchte sie, jedem Physiker seine Zukunft vorauszusagen. Doch die Nerds von der HU schienen daran gar nicht interessiert zu sein. Sie lebten im Hier und Jetzt, tanzten und tranken. Gin Tonic, Rum und Bier – schnell war alles alle. Zum Glück hatte die Wahrsagerin vor Halloween ihre Oma im Altersheim besucht und von ihr eine Flasche Becherovka geschenkt bekommen. Viele Physikstudenten kamen aus dem wilden Westen und kannten das Getränk nicht. Auch Einstein und der mexikanische Mafiaboss sahen diesen tschechischen Likör zum ersten Mal. Beide waren positiv überrascht, welch interessante alkoholische Erzeugnisse in den Ländern des ehemaligen sozialistischen Blocks produziert worden waren und noch wurden.

Nachdem sie den Becherovka geleert hatten, konnten sie allerdings nicht mehr tanzen. Die ganze Party verfiel in eine seltsam melancholische Stimmung, alle saßen auf dem Teppich und schwitzten heftig. Das dritte Auge der Wahrsagerin hatte sich verflüssigt und war ihr auf die Nase getropft. Die Physiker, die alles genau wissen wollten, untersuchten das Etikett auf der Becherovkaflasche und fanden das Verfallsdatum: November 2003. Wahrscheinlich hatte sich der Likör während der langen Wartezeit in eine Art Absinth verwandelt. Wie konnte man die Wirkung dieses Getränks nun wieder neutralisieren? Gleiches bekämpfte man am besten mit Gleichem oder zumindest Ähnlichem, tschechischen Schnaps mit polnischem Wodka zum Beispiel.

Also beschloss die Gruppe kurzerhand, mit dem Bus nach Polen zu fahren, ins Land der unbegrenzten Saufmöglichkeiten. Sie telefonierten mit einer Freundin, die in Posen studierte, klärten die Übernachtungsmöglichkeiten ab und fuhren am nächsten Morgen tatsächlich nach Posen. Selbstverständlich nicht alle, sondern nur diejenigen, die noch auf den Beinen stehen konnten: die Wahrsagerin mit dem Mexikaner, der Einstein mit dem angeklebten Bart und die Meerjungfrau mit dem glitzernden Oberteil. Vier Stunden dauerte die Fahrt mit dem Bus und kostete 9.99 Euro.

Kaum angekommen gingen sie auf den Weihnachtsmarkt. In Polen wurden die Weihnachtsmärkte früher als in Deutschland aufgebaut und waren schon zu Halloween einsatzbereit und voller Besucher. Die Attraktionen waren meist flüssig und gut über den Markt verteilt. Der

Weihnachtsmarktbesuch begann traditionell mit einem Bier, ging dann zum Schnaps über, und irgendwann schloss sich der Kreis. Die Bürger fuhren auf diesem alkoholischen Teufelsrad ohne abzuheben, aber irgendwann wurde ihnen trotzdem schwindelig. Mitten in dieser Idylle verkauften Weihnachtsmänner an den Ständen starken weißen Glühwein dazu gab es Salzgurken und Schmalzstullen. Die ortskundige Freundin führte ihren Besuch gewissenhaft durch die Stadt. Das Interessanteste fand in Posen versteckt in den Hinterhöfen statt: die Partys, das moderne Theater, die Kunst und Kultur. Es war wie in Ostberlin Anfang der Neunzigerjahre. Die wirklich coolen Bars waren in Posen manchmal einfach nur unscheinbare Wohnungen im Erdgeschoss wo man klingeln musste, um reinzukommen.

Der Schnupperkurs in osteuropäischer Flüssiggastronomie hat großen Eindruck auf die Halloweengäste gemacht. Sie bemerkten nicht einmal, wie der Tag zu Ende ging und ein neuer begann. An diesem neuen Tag eilten sie zurück zu ihrer Bushaltestelle und wollten ihr Frühstück, weil in Eile, rasch unterwegs kaufen. Dabei stritten sie die ganze Zeit, welche polnischen Lebensmittel am besten ein Frühstück ergaben – Brote, Gurken oder Schmalz. Am Ende wurde ein Sechserpack Bier daraus. Neben der Bushaltestelle gab es einen Park mit Bänken. Allerdings war es in Polen verboten, an der frischen Luft in aller Öffentlichkeit alkoholische Getränke zu sich zu nehmen. Die Halloweener hatten noch eine gute halbe Stunde Zeit, bevor der Bus nach Berlin abfuhr, der Sechserpack polnischen Biers brannte ihnen unter den Nägeln. Uns wird mit Sicherheit niemand hier finden, so früh am Sonntag, dachten sie, setzten sich auf die Parkbank und holten die Flaschen heraus. Kaum hatten sie den ersten Schluck getan, tauchte die polnische Polizei auf.

»Do you have cash?«, fragten die polnischen Polizisten die Berliner Jugend streng. Es war, als hätten sie die ganze Zeit mit einem englischen Wörterbuch im Busch hinter der Bank gesessen und nur darauf gewartet, dass Jugendliche kamen, an denen sie ihre Englischkenntnisse testen konnten. Die Mädchen stellten jedoch schnell fest, dass dieser Satz auch der einzige war, den die polnischen Polizisten auf Englisch beherrschten. Sie nahmen die Personalien des mexikanischen Mafiabosses auf, weil der behauptet hatte, der Sechserpack Bier würde ihm gehören. Die anderen hätten nur danebengesessen.

»Alles ist meine Schuld!«, behauptete der großzügige Mafiaboss. »Aber Cash haben wir nicht!« Sichtlich enttäuscht zog sich die Polizei wieder in die Büsche zurück. Einstein fand mittels Google heraus, dass die Polen angeblich die niedrigsten Strafen Europas hatten. Für das Trinken in der Öffentlichkeit verlangten sie nur fünf Euro. Und der Strafzettel würde sowieso erst einmal nach Mexiko, genauer gesagt nach Tijuana gehen, angeblich die gefährlichste Stadt des Landes.

Es war schon wieder dunkel, als Nicole mit ihren Freunden zu Hause ankam. Ihr Meerjungfraukostüm war zerknittert und löste sich in Teilen auf. Die Glitzerschuppen des Oberteils hatten sich über die ganze Gruppe verteilt. Sie glänzten im Mondschein und unter den Straßenlampen wie Leuchtkäfer im vorweihnachtlichen Berlin.

Osteuropäische Pflegemigration

Die Zeiten haben sich verändert. Die Erde dreht sich längst rückwärts, und wir haben nichts bemerkt. Früher war die ältere Generation eine Kladde nützlichen Wissens. Wenn die jungen Menschen nicht weiterwussten, fragten sie die Ältesten um Rat. Heute ist es genau umgekehrt. Die Jungen bringen den Alten bei, wie man googelt, skypt und simst. Nur sie können den Alten zeigen, wie sie die schnurlosen Kopfhörer an ihr Fernsehgerät anschließen und die Fotos von ihrem Smartphone auf die Festplatte ihres Computers überspielen. Die Alten bedanken sich artig, vergessen aber schnell, wo sie welchen Knopf wie lange gedrückt halten müssen. Also müssen die Enkelkinder wiederkommen, die Fehler korrigieren und alles noch einmal erklären.

Die Kommunikation zwischen den Generationen findet heute über die Lösung technischer Fragen statt. Der beste Plan, die Enkelkinder zu einem Besuch zu locken, ist, Omas Rechner abstürzen zu lassen. Jeder andere Versuch ist zum Scheitern verurteilt. Doch manchmal denkt meine Mutter noch in den alten Klischees.

»Ich möchte meine Enkelkinder gern zum Essen einladen. Könntest du mir sagen, was sie mögen?«, fragte sie mich. »Soll ich vielleicht Sülze machen? Ich habe gerade ganz tolle Schweinefüße gekauft.«

Sülze war schon immer Mutters Siegergericht, eine Leckerei aus dem vorigen Jahrhundert, die in ihrem Freundeskreis und in der Verwandtschaft stets auf Lob und Zuspruch stieß. Allerdings war die Sülze launisch und kompliziert, sie nahm Mutters ganze Kraft in Anspruch. Sie musste sorgfältig vorbereitet und sehr lange gekocht werden und wollte trotzdem manchmal einfach nicht fest werden. Sie blieb Suppe. Man brauchte mehr als bloße Kochkunst, um Sülze zu machen. Die Sterne mussten richtig stehen. Seit sich die Erde aber rückwärtsdrehte, kam es immer öfter vor, dass die Sülze nicht fest wurde. Meine Mutter wollte die Gunst der Sterne nicht überstrapazieren und bereitete ihre Sülze immer seltener zu. Nur noch zu ihrem Geburtstag, zu Silvester und zum Internationalen Frauentag. Insofern war ihre Bereitschaft, sie extra für die Kinder zu machen, beeindruckend.

Ich hatte große Mühe, ihr diese Idee auszureden. Ich wusste mit Sicherheit, dass die jungen Leute von heute Sülze nicht zu schätzen wussten. Ihr Enkel Sebastian stand auf proteinhaltiges asiatisches Essen. Nachdem er einst zwei Wochen in Vietnam verbracht hatte, hatte er sich in die vietnamesische Pho-Suppe verliebt. Sie hatte Volumen, war sättigend und schmeckte in Deutschland sogar besser als in Vietnam. Ihre Enkeltochter Nicole mochte Falafel und Hummus. Meine Mutter wusste nichts von Pho, und auch die Falafel-Mode war an ihr vorübergegangen.

»Du kannst aber deine Enkeltochter ganz leicht zu dir einladen, auch ohne Sülze«, sagte ich meiner Mutter. »Vereinbare für sie einfach ein Interview mit deiner Pflegehilfe!«

Nicole hatte an ihrer Uni nämlich gerade zwei Tage bei der internationalen Konferenz »Care, Gender und Migration« mitgearbeitet und sich das Thema »Osteuropäische Pflegekräfte im westlichen Ausland« sehr zu Herzen genommen. Prominente Gäste aus aller Welt waren auf dieser Konferenz aufgetreten, darunter auch eine Frau von den Philippinen, die Care-Ketten untersuchte. Viele Filipinas pflegten nämlich in Europa Alte und Kranke, um mit dem dabei verdienten Geld ihre eigenen Alten und Kranken in der Heimat zu unterstützen. So wurden mit jedem deutschen Kümmerfall im Schnitt drei bis fünf Hilfsbedürftige auf den Philippinen finanziert. Auch eine Arbeitsgruppe koreanischer Frauen war bei der Konferenz anwesend und referierte über das Schicksal koreanischer Krankenschwestern in Deutschland. Außerdem ein Inder, der über die Situation von Putzkräften in Israel einen Vortrag hielt.

Doch am besten hat Nicole die deutsche Professorin gefallen, die über die Ausbeutung osteuropäischer Pflegekräfte sprach. Im deutschsprachigem Raum sind diese nämlich besonders beliebt. Viele Vermittlungsagenturen, die solche Pflegekräfte anbieten, werben im Internet mit himmlischem Vokabular. Sie nennen sich »Hausengel«, »Wahre Engel«, »Familienengel für 24 Stunden Betreuung« und »Weise Engel GmbH«. Sie haben fast immer eine blonde lächelnde Frau auf ihrer Homepage. Das Engelklischee sei gut nachvollziehbar, meinte die Professorin. Engel sind lieb, sagen nie ihre Meinung, haben immer gute Laune, können 24 Stunden schuften, ohne müde zu werden, und beschweren sich nicht über Überstunden. Vor allem aber sind die Engel blond. Deswegen entsprechen osteuropäische Frauen häufig dem gesuchten Idealbild. Das einzige Problem dabei ist, wie man diese Engel dazu bringt, 24 Stunden zu Niedriglöhnen zu arbeiten. Schließlich arbeiten sie hier auf Erden, wo Arbeitstarife in Lohntabellen erfasst sind und für Engel keine Ausnahmen machen. Um dieses Problem zu lösen, sucht sich jedes Land eine eigene Strategie:

Deutschland hat die meisten Agenturen im Ausland, wo andere Tarife gelten und Engel nicht nach deutschem Recht sozialversichert sein müssen. Die Schweiz wiederum hat Überstunden in Bereitschaftsdienst umbenannt, der nicht als Arbeitszeit zählt. Österreich fand die einfachste Lösung. Dort hat man den 12-Stunden-Arbeitstag legalisiert, und das nicht nur für Engel, sondern auch für alle Normalsterblichen.

Die Konferenz endete wie gewohnt mit einem Empfang.

Es wurde reichlich Wein und Bier gereicht. Die Gäste aus Asien, die Koreaner, Inder und Philippiner, zogen sich in ihre Hotels zurück, die Osteuropäer blieben und gaben sich bis nach Mitternacht die Kante. Erstaunlicherweise kamen viel mehr Menschen zum Empfang, als bei der Konferenz anwesend waren. Aber an der Humboldt-Universität liefen immer Menschen herum, die nicht primär zum Studieren gekommen waren. Es wurde heftig über die Pflegeproblematik diskutiert. Die Pflegeprofessorin hielt eine Rede.

»Wir Deutsche werden von Ausländern gepflegt«, wütete sie, »die nach Strich und Faden ausgebeutet werden. Und es werden immer mehr, weil deutsche Pflegebedürftige Egoisten sind. Viele wollen auf gar keinen Fall ins Altersheim, sie wollen bei sich zu Hause und im eigenen Bett gepflegt werden. Das ist asozial und macht einen enormen Pflegeeinsatz notwendig. Es wird viel Geld dafür verschwendet, unqualifiziertes Personal ohne entsprechende Ausbildung anzuwerben, statt große gemütliche Altersheime zu bauen, in denen ältere Menschen unter Aufsicht von gut geschultem Personal ein vielfältiges Freizeitangebot haben und alle zusammen Sudokus knacken oder Lotto spielen können. Aber nein, jeder will hier seinen persönlichen Engel. Wenn das so weitergeht, wird der Himmel bald leer sein«, meinte die Professorin.

Nicole fand das Thema äußerst interessant und die Erzählungen der Professorin sehr spannend. Sie beschloss spontan, ihr Referat darüber zu halten. Dafür musste sie als Erstes Feldforschung betreiben und osteuropäische Putzkräfte, diese ausgebeuteten Engel, interviewen. Sie brauchte jetzt dringend lebendige Putzkräfte aus Osteuropa. Und die Oma hatte eine. Seit zehn Jahren wurde meine Mutter von Anastasia aus Litauen gepflegt. Sie kam zweimal die Woche, putzte die Wohnung, färbte meiner Mutter die Haare, ging für sie einkaufen und half ihr sogar manchmal beim Sülzekochen. Anastasia sei ein Engel, meinte meine Mutter immer wieder. Sie verstand sich mit jedem. Sogar mit Mutters Katze, diesem wilden misstrauischen Tier, kam sie prima klar. Und sie hatte keine Bedenken, über ihr Leben als Engel in Deutschland interviewt zu werden.

Am verabredeten Tag kam Nicole mit ihrem Aufnahmegerät und vorbereiteten Fragen zur Oma. Sie nahm mich für alle Fälle als Dolmetscher mit. Beide Frauen, meine Mutter und Anastasia, hatten sich ebenfalls auf das Interview vorbereitet. Sie hatten Tee aufgesetzt und Marmorkuchen aus der Bäckerei Harmonie geholt.

Anastasia nahm das Interview zum Anlass, ihr ganzes Leben zu erzählen, als wäre sie beim Psychotherapeuten. Sie erzählte von ihrer armen Heimatstadt, in der es überhaupt keine Jobs gab. Nachdem Litauen der EU beigetreten war, waren alle Betriebe dichtgemacht worden. Die jungen Menschen fuhren weg in andere Länder, wo es noch etwas zu verdienen gab. Für die Älteren wurde es eng. Wenn man nicht auf einem Markt stehen und etwas verkaufen wollte, hatte man nur die Möglichkeit, als Pflegekraft in den reichen Westen zu gehen. Anastasia erzählte von ihrem arbeitslosen Sohn, der gerade geheiratet hatte, und von ihrem Enkelkind, das mit ihrer Unterstützung groß wurde. Außerdem von ihrem Ex-Mann, der krank war und auch ihre Hilfe brauchte. Nicole wollte wissen, ob es in der Pflegeagentur, für die Anastasia arbeitete, auch männliche Pflegekräfte gäbe. Es gab aber nur einen Fahrer, alle anderen waren wie Anastasia junge litauische Großmütter, die ihren Familien halfen. »Männer haben keine Ahnung von Gemütlichkeit, die können so etwas nicht«, meinte Anastasia.

Das konnte Nicole nur bestätigen. Ihre Freundinnen und Freunde hatten gerade zwei Wohngemeinschaften in Berlin gegründet, eine Mädchen- und ein Jungs-WG, die nahe beieinanderlagen. Und beide hatten fast zur gleichen Zeit Einweihungspartys gefeiert. Die Mädchen-WG war voll mit hübschen Einrichtungsgegenständen, Bildern, Teppichen, Stehlampen und Topfpflanzen, während die Jungs sich nur für Nützliches entschieden hatten: Schlafsäcke, Rucksäcke, Thermoskannen. Als wären sie nicht in ihren eigenen vier Wänden, sondern im Wald unterwegs. Zu ihrer Einweihungsparty waren siebzig Menschen gekommen, von denen sie die meisten nicht kannten. Die Tür stand offen, die Gäste gingen ständig zum Rauchen rein und raus, es spielte laute Musik. Wahrscheinlich fühlten sich etliche Berlin-Touristen von der Musik angezogen und dachten, was für eine nette Kneipe im Erdgeschoss, da feiern wir doch mit.

Nicole wollte wissen, ob dem Engel Anastasia bewusst war, dass er schonungslos ausgebeutet wurde. Denn das war neuerdings wissenschaftlich bewiesen. Die ganze moderne Soziologie, die Geschlechterforschung, die Migrationsforschung und die Intersektionalitätsforschung zeigten eindeutig, Pflegekräfte aus dem Ausland wurden übel ausgenutzt. Die Soziologen hatten recht, meinte Nicole. Sie wollte Anastasia die Augen für ihre Lebenslage öffnen.

»Das ganze Leben ist eine einzige Ausbeutung«, seufzte Anastasia. »Es ist trotzdem ein schönes Gefühl, aufzustehen und zu wissen, dass jemand dich braucht, dich ruft, auf dich wartet. Und natürlich haben die Wissenschaftler recht. Sie müssen bloß eins bedenken: Diejenigen, die immer recht haben, sterben oft allein«, sagte sie und lachte.

Die Jägermeister I

Charlotte Sophie Luise bekam im Dezember auf der Party zu ihrem zweiundzwanzigsten Geburtstag von ihrer lustigen Clique eine Schnitzeljagd geschenkt. Die Einladung steckte in einem geheimnisvollen schwarzen Briefumschlag, in dem sich ein weißes, mit unsichtbarer Tinte beschriebenes Blatt befand. Charlotte sollte das Blatt über eine Kerze halten, damit die Schrift zum Vorschein kam.

»Eine Kerze, eine Kerze! Hol schnell eine Kerze!«, riefen die anderen Mädels. Lotti war schon etwas beschwipst von drei Bieren und Whiskey-Cola auf dem Balkon, sie wusste nicht, ob sie überhaupt Kerzen hatte, und versuchte es mit einem Feuerzeug. Das Blatt fing Feuer und verbrannte in wenigen Sekunden, noch bevor die geheime Botschaft entziffert war. Die Freunde waren enttäuscht, die unsichtbare Tinte war auch alle, also musste die Jagd verschoben werden.

Drei Wochen später bekam Lotti eine neue Botschaft per Post, diesmal gut lesbar. Es war eine Art Schatzkarte mit der Aufforderung, am kommenden Montag um 16.00 Uhr vor dem Planetarium zu sein und dort den nächsten Hinweis zu suchen. Gesagt, getan. Lotti zog mit einem Rucksack los, vollgepackt mit Sterni-Bier, damit die Jagd nicht zu langweilig werden würde. Sie fand den Hinweis sofort. Er hing an einem Baum, verpackt in eine Penny-Markt-Plastiktüte. Neben einem kalten Schnitzel befand sich in der Tüte eine Handvoll Eincentmünzen. Lotti hatte eine Kupfermünzenphobie, sie ekelte sich bereits als Kind vor dem braunen Kleingeld und hat die Mützen deswegen oft weggeworfen. Ihre Freunde wussten das. Genau deswegen hatten sie die Münzen in die Tüte gepackt. »Ich muss mich gleich übergeben«, dachte Lotti, trank aber erst mal ein Bier.

Auf der Penny-Tüte stand mit dickem Marker »Ab zum Schloss«. Ein unbedarfter Jäger hätte sicherlich Schwierigkeiten gehabt, diesem Hinweis zu folgen, denn es gab in der Gegend nirgends ein Schloss, nur das Ernst-Thälmann-Denkmal, ein Schwimmbad, den Penny-Markt und das Planetarium. Diese letzte Errungenschaft des Sozialismus hatte Erich Honecker 1987 noch persönlich eingeweiht und dabei auf den Sternenhimmel zeigend den berühmten Satz gesagt: »Wir sind nicht allein auf der Welt.«

In dem Planetarium hatte sich die Clique öfter getroffen, die Schule geschwänzt oder mit Schülerrabatt das Programm »Sonne, Mond und Sterne« angeschaut, das sie in »Sonnenmond und Sterni« umbenannt hatten. Sie waren immer mit ihrem eigenen Bier dorthin gegangen, weil die

Die Jägermeister I

0,3 Liter-Flasche im planetarischen Café 2,50 Euro kostete und sie das Billigbier Sterni beim Späti für 80 Cent kaufen konnten.

»Ab zum Schloss« konnte nichts anderes heißen, als zum Penny-Markt zu gehen. Denn nur dort gab es Lottis Lieblingsgetränk zu kaufen, den Kräuterlikör Jagdschloss, einen unehelichen Bruder des berühmten Jägermeister-Likörs, der genau wie sein Verwandter schmeckte, aber nur 3,99 Euro kostete. Wie sie ihre Clique kannte, waren genau 399 Eincentmünzen in der Tüte. Im Supermarkt stellte Lotti fest, dass nicht nur sie den Likör mochte. Es war nämlich noch genau eine Flasche im Regal übrig. Die Penny-Kassiererin war einiges gewöhnt, doch beim Anblick der Münzen waren auch ihre Nerven am Ende. Sie zählte sie trotzdem, und die Schlange vor der Kasse zählte mit. Beim ersten Zählen waren es 3,92 Euro, beim zweiten 4,07.

»Die Leute von heute können nur noch mit Rechnern zählen, aber nicht im Kopf«, regten sich die Omas in der Schlange auf. »Schon gar nicht, wenn es um die Kupfermünzen geht.«

Die Kassiererin scannte die Flasche und ließ Lotti einfach gehen. Auf der Flasche fand Lotti den nächsten Hinweis: »Aladin«. In diesem Falafel-Laden hatte die Clique seit der Schulzeit Rabatt. Sie mussten nur 2,50 Euro für eine Falafel zahlen, während alle anderen drei Euro hinblättern mussten.

Die Jägermeister I

Es war kalt. Unterwegs zum Falafel-Laden trank die
Jägerin das Jagdschloss zur Hälfte aus, als Aperitif gewis-
sermaßen.

»Da bist du ja!«, rief Aladin, der Besitzer des Ladens, fröh-
lich. »Ich habe heute etwas ganz Besonderes für dich!« Er
wickelte ein Riesenschnitzel aus der Silberfolie. »Das riecht
gut«, freute sich Aladin, »und dazu soll ich dir noch das geben!« Er händigte Lotti einen Karton mit kleinen Wodka-
flaschen aus. »Willst du ein Bier dazu?«

Auf dem Schnitzel lag ein Zettel: Die Jägerin sollte zu
dem Secondhandladen Humana gehen und unterwegs jedes Mal, wenn sie einen Mann mit Hut sah, einen kleinen
Wodka auf ex trinken. Es hatte angefangen zu regnen. Eine
Rentnergruppe von Touristen kam vorbei, lauter alte Männer, die Hüte trugen. »Schicksal«, dachte Lotti.

Im Kleidergeschäft Humana wartete ein Kostüm auf sie,
das bereits im Vorfeld bezahlt worden war: eine russische
Pelzmütze und ein dunkelgrüner Armeemantel mit Kragen
und einem Schnitzel in der Tasche. Ihre neue Aufgabe bestand darin, in diesem Outfit in der U-Bahn eine Obdachlo-
senzeitung zu verkaufen. Die Menschen in der U-Bahn hatten Mitleid mit ihr und schenkten Lotti ein Brötchen und
eine Cola. Kaum holte sie die Zeitung heraus und wollte
den Fahrgästen von ihrem verpatzten Leben erzählen, kam
ihr allerdings ein echter Obdachlosenzeitungsverkäufer mit
einer eigenen Leidensgeschichte entgegen. Sie steckte ihre

Zeitung sofort wieder in die Tasche und schwieg. Sie wollte niemandem mit ihrem Spaß das Geschäft verderben.

Irgendetwas lag an diesem Tag in der Luft. Vielleicht war es die Kälte oder die Luftfeuchtigkeit, auf jeden Fall waren die Menschen träger als sonst. Sie zeigten überhaupt kein Interesse an Obdachlosenzeitungen, sie bissen einfach nicht an, und Lotti dachte, sie würde die Zeitung nie loswerden. Plötzlich sah sie ihre Clique, die ihr unauffällig in die U-Bahn gefolgt war. Sie krümmten sich alle vor Lachen. »Die Aufgabe ist fast gelöst!«, kicherten die Mädels. Tatsächlich kaufte am Ausgang auf dem Skaterplatz zum Nordbahnhof ein bärtiger Student die Zeitung. Dafür gab es im Park hinter dem Bahnhof Gin Tonic mit Zitrone und Eis. Dort hatten sie im Sommer oft nachts gesessen, geträumt und in den Sterni-Himmel geschaut, der so tief über der Stadt hing und voller Sterne war. Fast wie in Honeckers Planetarium, nur echt.

Sie spielten Eishexe, wobei Lotti beinahe in den Brunnen gefallen wäre, aber zum Glück war das Wasser gefroren. Später am Rosenthaler Platz wollten sie alle zusammen ein Lied singen, den Beatles-Song »All You Need Is Love«. Nach zehn Minuten stellten sie jedoch fest, dass sie den Text gar nicht kannten, nur den Refrain, genauer gesagt nur eine Zeile. »All you need is love, papperlapappap«, riefen die Mädchen. Lotti schaute auf die Uhr. Es war erst Viertel nach sechs. Noch nie war sie so früh so betrunken gewesen. Ihre

Freunde versuchten, die einzige Zeile in unterschiedlichen Tonlagen zu singen, das ging aber nicht. Spätestens beim »love« lagen sie wieder alle beisammen. »Love!«, grölten die Mädchen. »Love!« Zwei punkige Trompeter auf der anderen Seite der Straße spielten ihnen die Melodie nach und bekamen von Passanten Geld dafür, während die Mädchen nur schräge Blicke ernteten.

»Wo ist der Schatz, mein Schatz?«, fragte Lotti ihre Freunde. Sie wollte diese Schnitzeljagd endlich hinter sich bringen. Der Schatz war angeblich irgendwo im Hinterhof ihrer Lieblingsbar in einem Komposthaufen versteckt, doch zu diesem Zeitpunkt hatte niemand mehr Lust auf Schatzsuche. Die einen gingen nach Hause, um sich auszuschlafen, und die besonders Trinkfesten gingen in eine Bar, um weiterzufeiern.

Das Geburtstagskind ging mit in die Bar, setzte sich auf eine Bank und schlief ein. Im Traum verwandelte sich Lotti in einen großen Vogel. Sie fühlte, wie ihr Flügel wuchsen, die Gravitation aussetzte und der träge und schwere Körper abhob. Lotti versuchte, ihre Flügel langsam und vorsichtig zu bewegen. Es funktionierte. Endlich frei, dachte sie und flog über die Dächer Berlins Richtung Norden, von einem Stern zum nächsten. Sie hatte noch die halbe Flasche Jagdschloss in der Manteltasche und sagte zu jedem Stern »prost!«, »na sdorowje!«, »skål!«. Die Sterne lächelten und zwinkerten ihr aus der Dunkelheit zu.

Die Jägermeister II

Mein Nachbar, ein ehemaliger Generalmajor der NVA –
gibt es eigentlich ehemalige Generäle? –, hatte Husten.
Er sah auch richtig krank aus, wollte aber auf keinen Fall
zum Arzt. Gut, dachte ich, das Vertrauen in die Medizin schwindet, es wurde ersetzt durch das Vertrauen ins
Internet. Kranke suchen jetzt im Netz nach Lösungen
und Erlösung, das geht auch schneller, als den halben Tag
beim Arzt im Wartezimmer zu sitzen. Auch mein Nachbar fragte im Internet nach, wie er sich von seinem Husten befreien konnte, und fand sofort einen Genesungsplan:
Als Erstes aß er eine Knoblauchknolle – ein natürliches
Antibiotikum –, trank eine Tasse warme Milch mit Honig,
nahm zwei Teelöffel Apfelessig – ein universelles Heilmit-
tel –, dazu fünf Vitamin-C-Tabletten, ein heißes Fußbad,
eine geriebene Ingwerwurzel, einen Wodka mit Pfeffer und
einen Rotwein mit Zitrone. Danach hat er die halbe Nacht
gekotzt. Daraufhin ging es ihm zwar besser, der Husten
war aber noch immer da.

Ich habe ihm warmen Jägermeister mit einem Schuss

Cognac empfohlen. Das solle man vor dem Schlafengehen trinken, hatte ich gehört. Darüber lachte er nur. Von Schlaf könne er nämlich seit über einem Jahr nur träumen. Er gehe lieber auf die Jagd, meinte er, im Wald lege sich der Husten von allein.

Der Generalmajor war nach der Wiedervereinigung von der Bundeswehr übernommen worden wie die meisten hohen Offiziere der Streitkräfte der Deutschen Demokratischen Republik. Sie mussten nämlich ruhiggestellt werden, damit sie nicht weiter stritten. Doch so viele neue Generäle konnte keine Armee der Welt vertragen. Deswegen wurden die sozialistischen Generäle alle zu Obersten degradiert und die älteren in die Frührente entlassen, mit einer Abfindung versteht sich. Mein General hatte über seine Entlassung keine Träne verloren. Dem neuen Staat fühlte er sich nicht verpflichtet, und er hatte gar keine Lust, weiter zu dienen. Aller Pflichten enthoben widmete er sich mit großer Leidenschaft seinem Hobby, der Jagd.

Dafür war Brandenburg der perfekte Ort, es gab hier jede Menge Wild. Wenn ich nachts nach einer Lesung durch den Wald zurück ins Dorf fuhr, musste ich nicht lange raten, wer mir diesmal über den Weg laufen würde – ein Reh, ein Hirsch, ein Wildschwein, ein Fuchs oder ein Igel –, sie spazieren nämlich alle nacheinander von links nach rechts über die Straße und wieder zurück. Die Jagdzeiten für Rotwild, Damwild und Muffelwild waren in Brandenburg großzügig ausgelegt, Waschbären und Füchse konnte man sogar das ganze Jahr über jagen.

Der General mit seinem getunten Lada Niva mit verstärkter Karosserie und drei Gewehren im Kofferraum zog seine alte grüne Uniform an, dazu eine russische Schapkamütze, damit die Polizisten Respekt vor ihm hatten. Viele Polizisten hatten selbst eine NVA-Uniform im Schrank, oder sie hatten Väter, die eine trugen. Der General düste durch die Wälder und Felder Brandenburgs, kein Hase und kein Fasan waren vor ihm sicher.

Eines Tages erkrankte der General an Parkinson und Tremor gleichzeitig. Seine Hände zitterten, er konnte nicht mehr schießen und musste seinen Jagdschein abgeben. Das Wild vermehrte sich hemmungslos, während der General mit einer Flasche Jägermeister zu Hause saß und sich alte DDR-Kriegsfilme auf Video ansah: *Betrogen bis zum jüngsten Tag, Front ohne Gnade, Flucht aus der Hölle, Chingachgook, Die große Schlange, Der Hirsch mit dem goldenen Geweih, Der Bärenhäuter.* Er konnte nicht einmal mehr das Glas heben, ohne den Inhalt zu verschütten. Es war zum Kotzen mit einem solchen Leben.

Die Hölle dauerte ein halbes Jahr. In der *Märkischen Allgemeinen* war von einer Waschbärenplage zu lesen, auch die Füchse vermehrten sich unkontrolliert, saßen vor den Kaufhallen oder klauten Hühner. Die Bauern beschwerten sich. Nachts träumte der General, die Waschbären würden ihn durchs Fenster beobachten, mit den Pfoten auf ihn zeigen und ihn auslachen.

Eines Tages bekam er aus dem Krankenhaus einen ungewöhnlichen Anruf. Ob er nicht Lust hätte, an einem medizinischen Experiment teilzunehmen. Es ging wohl um eine neue Behandlungsmethode, die zwar die Ursachen von Parkinson und Tremor nicht bekämpfte, aber das Zittern in den Händen, so hofften die Ärzte, reduzieren konnte. Dabei sollten die Hirnteile, die für ruhige Hände zuständig waren, entlastet und das Bewegungsmuster des Menschen von außen maschinell gesteuert werden. Dafür musste der General allerdings unterschreiben, dass er, falls bei dem Experiment etwas schiefgehen sollte, den behandelnden Ärzten keine Vorwürfe machen und keine finanziellen oder sonstigen Forderungen an Klinik, Krankenschwestern, Haustechniker und Bundesregierung stellen würde. Der General unterschrieb. Was blieb ihm auch anderes übrig? Er setzte alles auf eine Karte.

Im Krankenhaus wurden ihm Elektroden in den Kopf gepflanzt, die das Bewegungszentrum kontrollieren sollten. Die Elektroden wurden an einen Computer mit Internet angeschlossen. Sie leiteten das Zittern des Generals an die Maschine weiter, wo ein Antizittern erzeugt und in den Kopf des Generals zurückgesandt wurde. Wie das genau funktionierte und was tatsächlich in seinem Kopf passierte, wollte der General gar nicht wissen. Er wollte Ergebnisse.

Sie ließen nicht auf sich warten. Schon als er am nächsten Tag aufwachte, zitterten seine Hände nicht mehr. Der General stand auf, nahm eine Nagelschere aus seiner Feldtasche, ging langsam ins Bad und schnitt sich genüsslich die Fingernägel, eine Tätigkeit, zu der er lange nicht mehr fähig gewesen war. Dabei dachte er an die Waschbären. Ihnen würde das Lachen bald vergehen.

Zwei Wochen später bekam der General seinen Jagdschein zurück, seine Hände waren ganz ruhig. Er musste nur jede Woche ins Krankenhaus, um die Elektroden in seinem Kopf neu justieren zu lassen. Außerdem stellte er eine interessante Nebenwirkung der Behandlung fest: Er brauchte keinen Schlaf mehr. Zwei bis drei Stunden auf dem Rücken zu liegen reichte ihm vollkommen. Er überlegte kurz und beschloss dann, den Ärzten nichts davon zu sagen. Sein neuer Zustand gefiel ihm nämlich ausgezeichnet. Jetzt hatte er noch mehr Zeit für seine Lieblingsbeschäftigung, die Jagd. Er konnte zwanzig Stunden lang mit seinen drei Gewehren im Kofferraum und einer Flasche Jägermeister durch die Wälder düsen. Die alten Filme, *Chingachgook, verdammt in der Hölle*, warf er in den Müll. Die Krankheit schritt voran, er wusste, so oder so würde er sterben, irgendwann. Aber ehrlich, tun wir das nicht alle? Bis es so weit war, konnte er mit ruhiger Hand abdrücken, und was brauchte er mehr? Die Polizisten hielten zum Gruß die rechte Hand an die Schläfe, wenn er vorbeifuhr. »Stillgestanden!«, rief ihnen

der General durch das offene Fenster seines Nivas zu, »stillgestanden!«

In der *Märkischen Allgemeinen* war nachzulesen, die
Waschbärpopulation wäre drastisch zurückgegangen, auch
die Fuchspopulation sei geschrumpft. Nach einer schlaf-
losen Vollmondnacht zog der General los, um Fasanen zu
schießen. Die Fasanenjagd braucht besonders viel Ausdauer
und Ruhe. Man sollte spätestens um 7.00 Uhr früh auf dem
Feld und in guter Verfassung sein. So zielsicher wie jetzt
nach seiner kleinen OP war der General schon lange nicht
mehr gewesen. Der riesige Mond hing noch immer sehr tief,
die Vögel starteten vom Feld und flogen nacheinander in
einer Reihe davon. Der General nahm sofort den ersten ins
Visier. Einen Moment lang kam es ihm im trüben Mond-
licht so vor, als wäre der Vogel dunkelgrün, als würde er eine
NVA-Uniform tragen und eine russische Schapkamütze.

»Das ist fantastisch«, sagte der General und drückte ab.

Deutscher Stollen russischer Prägung

Meine Mutter ist eine Kennerin der russischen Küche. Im kalten Moskau kam sie dank ihrer Expertise und trotz sozialistischer Versorgungslücken gut über die Runden. In Berlin jedoch kann man mit russischem Essen nicht punkten. Jede Volksküche ist tief in der Geschichte ihres Landes verankert, mit dessen Geografie und Klima gut gewürzt. Die Italiener, die Sonntagskinder Europas, wollen zum Beispiel mit minimaler Anstrengung eine maximale Anzahl von Freunden glücklich machen, deswegen kochen sie Nudeln. Japaner sind von Wasser umgeben, die Feuchtigkeit sitzt ihnen in den Knochen, das Holz ist immer nass. Es kostet also große Mühe, jedes Mal fürs Kochen Feuer zu machen, deswegen rollen sie Sushi.

Die russische Küche hat eine ganz andere Ausgangssituation: Man stelle sich eine große Armee vor, die sich auf ihre letzte entscheidende Schlacht vorbereitet. Die Soldaten prüfen ihre Gewehre, die Generäle ihre Karten. Sie wissen, viele von ihnen werden aus der Schlacht nicht zurückkommen. Bevor sie aber in den Tod ziehen, müssen sie das letzte

Mal vollgefüttert werden, bis sie nicht mehr laufen können. Ich gebe zu, da liegt ein Widerspruch in der Sache. Wie sollen Menschen mit vollem Magen kämpfen? Die übertrieben üppige Mahlzeit mindert eigentlich die Wehrhaftigkeit jeder Armee. Nun sind aber alle Küchen der Welt voller Widersprüche, warum sollte die russische eine Ausnahme sein.

Ein typisches Gericht dieser Küche wird wie folgt gemacht: Zuerst wird quer durch alle Regale eingekauft, das Eingekaufte auf dem Küchentisch ausgebreitet und klein geschnitten. Gemüse auf meiner Frühstückszeitung, Fleisch auf dem Holzbrett. Dann wird das Ganze in eine Pfanne geworfen, mit Zwiebeln und Speck kurz angebraten, gewürzt und in einem großen Topf auf kleiner Flamme zwei Stunden lang geschmort. Je nach Konsistenz kann man das fertige Gericht als Suppe, Gulasch, Chili con Carne oder sogar Ratatouille bezeichnen. In Berlin wird man von der russischen Küche schnell müde. Wir haben hier keinen Krieg, und in Friedenszeiten möchte man etwas Leichtes, Fruchtiges, Europäisches essen, zum Beispiel einen Salat.

Die Enkelkinder haben sehr unterschiedliche Vorlieben. Manchmal sind sie Vegetarier, dann wieder wollen sie doch Fleisch, aber nur aus biologischem Anbau von glücklich verstorbenen Tieren. Sie können sich nicht einmal einen Salat normal teilen. Der Junge mag nur Tomaten, das Mädchen nur Gurken, am besten aber solche, die tomatig schmecken. Also löffeln sie aus jedem Salat das Passende für sich heraus.

»Könntest du, Oma, wenigstens zu Weihnachten, wenn du schon so große Lust zu kochen hast, vielleicht etwas Europäisches machen?«, fragten sie. Mama war flexibel, sie sagte okay. »Ich kann natürlich auf meine Kochtraditionen verzichten und ein typisch deutsches Gericht für euch machen.« Sie recherchierte im Netz, was die Deutschen am liebsten zu Weihnachten aßen, und stieß auf Hunderte von Stollenrezepten. Die Deutschen drehen bekanntlich durch mit ihrem Stollen. Es gab mehr patentierte Zubereitungsvarianten als Bundesbürger, und jeder Sachse glaubte, das Rezept für Dresdner Stollen sei seiner Oma persönlich gestohlen worden.

Mama fischte schnell das üppigste Rezept heraus, ging einkaufen und breitete auf dem Küchentisch die Zutaten aus: Mehl, Zucker, Eier, Butter, kandierte Orangen- und Zitronenschalen, helle und dunkle Rosinen, Zuckerkirschen und Preiselbeeren. Dazu kamen süße Mandeln, Macadamien und Walnüsse. Sie goss 100 Gramm guten Cognac in eine Schale, legte die gezuckerten Früchte und die Nüsse für eine Stunde darin ein, wie es im Rezept stand, und sah sich in der Zwischenzeit die russische Serie *Die Monster der Revolution* in Ruhe zu Ende an.

Die Tochter kam in die Küche, sah die Rosinen und die kandierten Früchte und pickte sie aus der Schale heraus. Der Sohn kam, sah die Nüsse und aß sie sofort auf. Ich kam ebenfalls in die Küche – die Schale mit Cognac wirkte sehr einladend. Ich schaute auf die Uhr, es war Viertel nach sechs. Also genehmigte ich mir einen guten Schluck. Um sieben Uhr waren *Die Monster der Revolution* zu Ende. Mama kam in die Küche, schaute sich den Stollen an, trank den Rest des Cognacs, legte die Eier und die Butter zurück in den Kühlschrank, Mehl und Zucker in die Schublade.

»Und? Hat euch mein Stollen geschmeckt?«, fragte sie uns abends.

»Es war der beste Stollen unseres Lebens!«, sagten alle unisono. »Schon lange nicht so viel Spaß am Essen gehabt! Bitte mehr davon, am besten das ganze Jahr über, nicht nur zu Weihnachten!«

Warum liegt hier überall Stroh?

Der entwickelte Sozialismus hatte meinen Landsleuten beigebracht, sich kryptisch auszudrücken und viel mit den Augen zu zwinkern. Klare und unmissverständliche Worte taugten nicht, um unsere komplizierte Gegenwart zu beschreiben. Nichts war in dieser Welt eindeutig, Schein und Sein waren zusammengewachsen und nicht mehr voneinander zu trennen. Klare und unmissverständliche Worte konnten außerdem den Regierenden missfallen und zusätzliche Schwierigkeiten in unser ohnehin nicht leichtes Leben bringen. Oft schwiegen die Menschen betreten, wenn sie zusammenkamen. Eine Schweigeminute ersetzte jede politische Diskussion. In einem berühmten Witz aus der damaligen Zeit verteilt ein mutiger Regimegegner Flugblätter auf dem Roten Platz. Als er verhaftet wird, sehen die Ordnungshüter, dass auf seinen Blättern gar nichts steht. »Wozu schreiben? Alle wissen doch, was Sache ist«, erklärt ihnen der Aktivist.

Doch nur zu schweigen, ist auf Dauer langweilig. Um sich zu unterhalten, haben die Bürger eine Geheimsprache erfunden, die komplizierte Inhalte, Wünsche, Hoffnungen und Albträume sowie jede Kritik am Regime in einem kurzen Satz auf den Punkt bringen konnte, ohne dabei jemanden direkt zu beleidigen. Diese Sprache bestand aus Zitaten aus alten sowjetischen Filmen, aus Wortspielen und Anekdoten, aus verdrehten Zeitungsüberschriften, aus dem ganzen Kulturhumus des Volkes. Oft spielten in dieser Geheimsprache Tiere als Metapher eine Hauptrolle. »Zieh die Eule nicht so heftig über den Globus«, sagte man zum Beispiel zu jemandem, der pathetischen Unsinn erzählte. Auch heute noch kommentieren die Bürger im Internet: »Der Unsere hat mal wieder ganz schön die Eule über den Globus gezogen«, wenn der aktuelle russische Präsident über Weltverschwörungen spricht und ein Gesicht macht, als würde er angesichts der Ungerechtigkeit des Westens gleich platzen.

Ich glaube, die Vorstellungskraft des Westens ist zu beschränkt, um die Eule über den Globus nachzuvollziehen. Ein anderer extrem verbreiteter russischer Spruch lautet: »Schüttle das Eichhörnchen von der Schulter.« Die Angst meiner Landsleute, von einem Eichhörnchen heimgesucht zu werden, ist tief mit der russischen Geschichte verbunden. Während andere Völker in ihren Sagen und Märchen gegen Feuer spuckende Drachen kämpften, Hunde mit brennenden Augen besiegten und von hinterhältigen Füchsen reingelegt wurden, war es für einen Russen so ziemlich das Schlimmste, einem Eichhörnchen zu begegnen. Es ist ein halbes Unglück, wenn dich das Eichhörnchen grüßt.

Schlimmer wird es, wenn das Tierchen nicht weggeht. Und ein kompletter Vollschaden entsteht, wenn dir das Eichhörnchen auf die Schulter springt. Diese Situation markiert in der russischen Folklore die Endstation eines verpfuschten Lebens. Die Ursache dafür ist linguistischer Natur: Die Worte für »Delirium« und »Eichhörnchen« klingen im Russischen ganz ähnlich.

Die Russen sind stolz auf ihre Geheimsprache und benutzen sie gern im Ausland, um von neugierigen Ausländern mit Russischkenntnissen nicht verstanden zu werden. Lange Zeit dachte ich naiv, dass nur die Russen einen solchen Schatz besaßen. Bis meine Tochter, eine eingeborene Deutsche, eines Tages in einer sinnlosen Diskussion über mögliche Perspektiven ihres Studiums sagte: »Wir sollen nicht ständig darüber reden, warum hier überall Stroh liegt.« Ich war verblüfft. Meine Tochter studiert Europäische Ethnologie, eine moderne Wissenschaft, deren Sinn und Zweck nicht einmal die Professoren an der Uni verstehen. Beim besten Willen konnte ich mir nicht vorstellen, was das Stroh zu einer ethnologischen Größe machte.

Nach einem kurzen Hin und Her klärte mich meine Tochter auf. Wer hätte das gedacht. Auch die gradlinige deutsche Sprache hat ihre Schattenseiten, unübersetzbare Ausdrücke, die jeden Russen mit Deutschkenntnissen in Verzweiflung stürzen konnten. Nun weiß ich es: Der Ausdruck für eine absurde sinnlose Unterhaltung, im Russischen als »breit gewachsene Moosbeere« bekannt, heißt auf Deutsch:»Warum liegt hier überall Stroh?«

Der Satz stammt aus einem deutschen Pornofilm, der nicht durch besonders aufwendige Liebesszenen, sondern durch sinnlose Dialoge berühmt geworden ist. Im Film kommt ein maskierter Klempner in eine Wohnung, im Bad steht eine Blondine, und überall auf dem Boden liegt Stroh. »Warum liegt hier überall Stroh?«, fragt der Klempner die Blondine.

Der Regisseur des Werkes berichtete, er habe einen neuen Darsteller wegen dessen optisch herausragenden Qualitäten in seinem Film haben wollen. Es wäre für den Mann eine Premiere, womöglich ein Durchbruch. Er sollte den Klempner spielen, der die Hausfrauen verwöhnte. Der Regisseur wunderte sich nicht schlecht, als sein Darsteller in einer Maske zum Drehort kam und erklärte, er habe in Berlin einen wichtigen Job im öffentlichen Dienst und wolle daher auf keinen Fall erkannt werden. Einerseits verlangte niemand von einem Pornofilm Glaubwürdigkeit und Realitätsnähe. Andererseits war ein maskierter Klempner eine derart absurde Erscheinung, dass sie jedes Format ins Lächerliche ziehen konnte. Also beschloss der Regisseur, Gleiches mit Gleichem zu bekämpfen und den Grad des Absurden noch zu steigern. Er ließ einen Strohhaufen im Bad verteilen. Der maskierte Klempner kam wie ein abgeschossener Batman herein und fragte:»Warum liegt hier überall

Warum liegt hier überall Stroh?

Stroh?« »Ach was«, sagte die Blondine, »ist doch egal, lass uns Liebe machen.«

Ein Freund meiner Tochter hat gerade ein Praktikum bei Siemens begonnen. Er war anfangs ziemlich frustriert. »Da liegt überall Strom«, erzählte er, und alle lachten wie blöd.

Die Ethnologen

Unabhängig voneinander und ohne uns abzusprechen haben meine Tochter und ich am gleichen Thema geforscht. Bei Nicole trug die Forschungsarbeit einen wissenschaftlichen Titel: »Imagination der Nachwendegeneration über die Deutung der Vergangenheit in der Familienkommunikation« oder so ähnlich. Mein Projekt hieß »Deutschland als Traumfabrik«. Doch es ging um dasselbe Thema: um die Sehnsucht der Menschen nach einem perfekten Land. Die Hoffnung, dass es irgendwo da draußen einen besseren Ort gab, an dem alle Träume in Erfüllung gingen, hat viele Menschen in den letzten Jahren nach Deutschland gebracht. Migration war zur Revolution des neuen Jahrhunderts geworden.

Einen neuen Weg zu gehen und anderswo neu anzufangen war leichter und verheißungsvoller geworden, als in der alten Heimat zu schmoren. Besonders wenn diese Heimat eine starre Diktatur war. In der Vergangenheit endeten Diktaturen in der Regel mit dem Tod des Diktators, der ein risikoreiches Leben und viele Feinde hatte. Nun aber waren Diktatoren stabiler geworden. Sie lebten gesund, sie trieben

Sport, achteten sorgfältig auf ihre Sicherheit und hatten immer gute Ärzte zur Hand. Angeblich verfügten sie auch über mehrere Doppelgänger, die ihre Macht weit über den Zeitpunkt ihres Todes hinaus verlängern konnten. Deswegen glaubten ihre Untertanen nicht daran, dass sich in der Heimat auf absehbare Zeit etwas bewegte. Das Leben war zu kurz und zu wertvoll, um es nur darauf auszurichten, dass die Führung eines Tages den Löffel abgab. Besser war es, jenseits der Heimat nach dem Land seiner Träume zu suchen.

Im Rahmen meiner Forschung wollte ich Geflüchtete und Ausgewanderte aus aller Welt befragen, mit welchem Traum sie nach Deutschland gekommen waren, welche Vorstellungen sie von dem Land hatten und ob sich ihr Traum erfüllt hatte. Viele machten mit. Hunderte Hierhergezogene aus allen möglichen Ländern nahmen an dem Projekt teil, schrieben ihre Träume auf und übten gleichzeitig Kritik an der deutschen Ordnung. Die einen fanden sie zu streng, die anderen zu lasch. Die Bürokratie sei kaum auszuhalten, die Infrastruktur zu unübersichtlich, die Wohnungen zu kalt, die Straßen zu schmutzig, die Architektur an manchen Stellen sogar richtig hässlich, und das Essen schmecke komisch. Der Pakistani regte sich über rauchende Frauen auf, der Libyer lobte die Autos, fand aber die Verkehrsregeln zu anstrengend, die Frau aus Ecuador beschwerte sich über zu viele Plastikflaschen. Doch sie alle hatten die Hoffnung nicht verloren, mit vereinten Kräften Deutschland auf den

Stand des gesuchten Traumlandes zu bringen. Ihr Traumland lag quasi noch in der Zukunft, war aber im Kern schon
angelegt.

Im Forschungsprojekt meiner Tochter befand sich das
Traumland in der Vergangenheit und war dementsprechend
vor jeder Enttäuschung gefeit. Aus eigener Erfahrung wusste
ich, dass im Traumland-Ranking die Länder am besten ab-
schnitten, die es nicht mehr gab und die nur noch als Erinnerung vorhanden waren. Ein solches Land suchte und fand
meine Tochter für ihre Arbeit. Nicole hatte festgestellt, dass
ihre Freundinnen und Freunde oft und gern vom Leben in
der DDR erzählten. Dabei waren sie alle um 1996/97 geboren und hatten durch die Gnade der späten Geburt die real
existierende DDR nie kennenlernen dürfen. Alles, was sie
über sie wussten, waren Geschichten ihrer Eltern und Verwandten.

Für ihr erstes Interview hatte Nicole drei ihrer besten
Freundinnen in einen Falafel-Laden eingeladen: eine Kommunistin, eine Antikommunistin und eine dritte Freundin,
deren Elternteile aus Peru nach Deutschland eingewandert
waren und die überhaupt keine Ahnung hatte, was an der
DDR so interessant sein sollte. Diese dritte Freundin hielt
nichts von Politik. Sie wollte unbedingt ein Erasmus-Jahr
an der Universität von Los Angeles verbringen und erzählte
andauernd, wie sie Amerika liebe. Sie hatte am Tag des Tref-
fens vormittags ihre Prüfung für das Erasmus-Stipendium,

eine Art Aufnahmegespräch. Deswegen kam sie etwas verspätet zum Falafel-Laden und war offensichtlich schlecht gelaunt.

Zwei Stunden dauerte das Gespräch. Die Kommunisten-Freundin meinte, sie würde sofort in die DDR ziehen, wenn das möglich wäre. Die Menschen hätten damals bescheiden gelebt, keinen großen Wert auf Klamotten gelegt, wären aber viel solidarischer untereinander gewesen und hätten einander geholfen. In der DDR habe es auch keine zehn Kilo schweren Fahrradschlösser gegeben, überhaupt habe man eigentlich gar nichts abschließen müssen, weil nichts gestohlen wurde. Die Luft war sauberer, der Handyempfang war besser, die Kinder spielten viel mehr draußen, statt ihre Kindheit vor der Glotze zu verbringen.

»Aber viele schöne Sachen gab es doch auch nicht!«, warf meine Tochter ein. »Die Menschen mussten stundenlang Schlange stehen, um ein paar Jeans zu kaufen.«

»Lieber Schlange stehen, als mit zwanzig Paar nutzlosen Hosen alle Schränke der Welt vollzustopfen und nicht mehr zu wissen, wohin mit dem ganzen Zeug«, meinte die Kommunisten-Freundin. »Ich wäre gerne Schlange gestanden, da hätte ich in der Zeit vielleicht überlegt, ob ich die Jeans wirklich brauche«, sagte sie.

»Wenn deine DDR so ein tolles Land war, warum sind die Menschen dann in Scharen davongelaufen? Was ist mit der Mauer? Und was ist mit dem Schießbefehl an der

Grenze? Die Führung deines Traumlandes hat ihre Bürger umbringen lassen, nur weil sie mal kurz schauen wollten, wie es den Menschen auf der anderen Seite ging«, giftete die Antikommunisten-Freundin. Ihre Großeltern hatten nämlich Ende der Achtzigerjahre einen Ausreiseantrag nach Westberlin gestellt, wo sie Verwandtschaft hatten. »Die glücklichsten Menschen in diesem Land waren diejenigen, die Westverwandtschaft hatten«, schlussfolgerte sie. »Die konnten wenigstens Westpakete bekommen.«

»Man darf ein Land nicht auf seine Konsumgüter reduzieren«, meinte die Kommunistin. »Natürlich hat der Westen viele schwache Herzen verführen und sie dazu bringen können, ihren Traum zu verraten. Andere sind aber geblieben. Sie waren glücklich.« Die Familie der Kommunisten-Freundin lebte noch immer in demselben vierstöckigen Haus wie damals, sie aßen fast jeden Tag mit den Nachbarn zusammen und liehen einander das alte Auto, wenn jemand eine längere Fahrt vorhatte.

»Träume von der Stange kann es nicht geben!«, konterte die Antikommunistin. »Jeder Mensch hat einen eigenen persönlichen Traum. Das hat der Sozialismus nicht berücksichtigt, er wollte alle nach demselben Muster glücklich machen.«

»Jeder Mensch braucht Frieden«, erwiderte die Kommunisten-Freundin. »Er braucht Zusammenhalt, Gerechtigkeit, gleiche Chancen für alle, bezahlbare Wohnungen und soziale Sicherheit. Alle anderen Träume – Jeans, Jachten und

Schlösser, megabunte Klamotten und superschnelle Autos –
braucht kein Mensch!«

»Und was denkst du darüber?«, fragten die Mädchen ihre
dritte unpolitische Freundin, die die ganze Zeit geschwiegen
und finster vor sich hin geguckt hatte. »Dir gefällt die DDR
doch bestimmt auch nicht, wo du dein Amerika so liebst.«

»Ich hasse Amerika«, sagte die unpolitische Freundin mit
leiser Stimme. »Diese Schweine lassen mich nicht nach L.A.
Mein Traum ist geplatzt.« Die unpolitische Freundin war
bei dem Aufnahmegespräch über die Frage gestolpert, welche Rolle die Ukraine unlängst in der amerikanischen In-
nenpolitik gespielt hatte. »Warum soll ich über die Ukraine
überhaupt etwas wissen? Wo ist diese Ukraine überhaupt?
Bestimmt auch da irgendwo in der Ecke neben eurer DDR?
Vielleicht sollte ich wirklich statt nach Amerika in die Ukraine fahren«, seufzte sie.

Ich war von der wissenschaftlichen Arbeit meiner Tochter
»Imagination der Nachwendegeneration über die Deutung
der Vergangenheit in der Familienkommunikation« sehr angetan. Der alte Globus taugte anscheinend nicht mehr, um
die Welt abzubilden. Die Traumpfade der neuen Generation zogen sich von der DDR nach Amerika mit einem Abstecher über die Ukraine. Weit hinten lagen die Traumlän-
der der Vergangenheit, andere versteckten sich im Nebel der
Zukunft. Und die Menschen liefen los, ohne zu wissen, was
sie am Ende erwartete.

Jugend forscht

Bevor ich eine Geschichte aufschreibe, muss ich sie jemandem erzählen, damit sich der blubbernde Sprudel der Gedanken in den reinen Wein der Sprache verwandelt, den ich vorsichtig in die Ohren Außenstehender gieße und zusehe, ob sie davon heiter werden. Aber manchmal wollen die Außenstehenden meinen Wein gar nicht haben oder sind mit ihrem eigenen Wein bereits hackevoll. Oder sie sagen, ich hätte ihnen die Geschichte schon dreimal erzählt, sie würden lieber etwas Neues von mir hören. Dann versuche ich, das Gleiche noch einmal, aber anders zu erzählen. Das blubbernde Gedankenwasser in einen kurzen Schnaps oder in einen Cuba Libre zu verwandeln, ist ein hochkomplexer Destillationsprozess, der eine Menge Zeit in Anspruch nimmt.

Bei meiner Tochter funktioniert das anders. Ihre Mitmenschen erzählen ihr ihre Geschichten selbst, sie muss sie nur aufnehmen, später entziffern, aufschreiben und zur Uni bringen. Das nennt sich Wissenschaft – ethnologische Feldforschung. Nebenbei schafft sie es noch zu arbeiten, um Geld zu verdienen, mit Freunden auszugehen, Partys zu veranstalten, Katzen zu füttern, stundenlang in der Badewanne zu liegen und dicke Bücher zu lesen. Sie weiß, auch die Zeit in der Badewanne ist nicht verloren, sie wird in ihre wissenschaftliche Arbeit einfließen. Berlin ist ein perfekter Ort für junge Ethnologen. Tagtäglich gehen hier Millionen Menschen aus, rennen von einem Club in den nächsten, tanzen die Nacht durch und landen irgendwann morgens am Kotti unter der Brücke, um kalte Pommes mit Mayo zu essen. Berlin ist ein Moloch, romantisch und zynisch zugleich. Niemand steht hier einfach herum: die Autos, die Fahrräder, die abgefallenen Blätter, die Wolken – alle sind ständig in Bewegung, und irgendwo dazwischen weht hier auch der hegelianische Zeitgeist, und das marxistische Gespenst des Kommunismus irrt durch die Gegend. Die Stadt tanzt in der Dunkelheit und bietet eine ideale Projektionsfläche für allerlei Irrtümer und Erleuchtungen. Man kann in Berlin beinahe jede These über das Glück und das Unglück der Menschen bestätigen und gleichzeitig widerlegen, die fehlenden Puzzleteile finden und sofort wieder verlieren.

Manchmal gelingt es meiner Tochter, einer erfahrenen Großstadtethnologin, gleich mehrere Fliegen mit einer Klappe zu schlagen und Party mit Wissenschaft zu vereinen. Es beginnt immer anständig und seriös. Zum Beispiel werden Freundinnen zu einem Forschungsinterview eingeladen mit der wissenschaftlichen Fragestellung: »Welche Merkmale der DDR beeinflussen noch heute das Zusammenleben? Ist der Gedanke einer anderen utopischen gesellschaftlichen Ordnung noch aktuell? Ist der Sozialismus im neuen Jahrhundert überhaupt noch denkbar, und welche Rolle spielt dabei die Lehre von Karl Marx?«

Um ein mögliches Stocken des Gesprächs abzuwenden, bekommt jede Interviewpartnerin ein Bier oder auch zwei. Die Erfahrung zeigt, dass die Menschen nach zwei Bieren gesprächiger werden und mehr Ideen und gesellschaftliche Utopien entwickeln. Plötzlich kommen mitten im Gespräch nicht eingeladene männliche Freunde mit einer Flasche Korn im Rucksack und wollen auch beim Interview mitmachen. Es wird heiter über eine Auseinandersetzung mit der Vergangenheit diskutiert. Zum Auffrischen der Gedanken werden revolutionäre Lieder gesungen: Ton Steine Scherben, Die Ärzte, Nena und Mando Diao.

Im Verlauf ihrer Forschung wird den Interviewten und Freunden auf einmal klar, dass sie sofort Zum Magendoktor gehen müssen, weil in diesem Club am Abend eine gesellschaftskritische Party steigt. Die Interviews werden aber natürlich fleißig weitergeführt, weil die Sache mit Karl Marx noch immer nicht geklärt ist. Keiner hat dazu etwas Gescheites zu sagen, und auch die neuen Probanden, die im Magendoktor zu dem Interview dazustoßen, maulen unverständliches Zeug. Nur ein Junge mit Hipsterbart, der wie

Jugend forscht

Karl Marx in jungen Jahren aussieht, meint, die Menschen hätten bis jetzt die Welt nur interpretiert, aber hätten sie sie auch sinnvoll verändert? Was sei denn aus ihr geworden? Ein gigantisches Kaufhaus mit Fitnesscenter und Imbissbuden.

»Wer will so leben? Und was sollen wir jetzt tun? Die Kaufhäuser weiter interpretieren? Nein, diese Kaufhäuser müssen verändert werden! Sie sollen zu Orten werden, an denen Menschen gerne zusammen sind, etwas gemeinsam unternehmen können, ohne gleich einkaufen zu müssen! Und dies ist ein zutiefst marxistischer Gedanke, der auch heute noch Bestand hat«, meint der junge Karl Marx.

Nach zwei Gin Tonic teilen sich die Probanden auf. Die einen wollen noch schnell zum Spätkauf, die anderen gehen vom Magendoktor zum Kater Blau mit einem kurzen Abstecher ins Nemo, dann aber zurück zum Doktor, weil die Wissenschaftlerin dort höchstwahrscheinlich ihre Brille vergessen hatte, die dort aber nicht mehr aufzufinden ist, weil sich anscheinend zu viele Probanden draufgesetzt haben. Der junge Marx ist auch weg, aber dafür meldet sich der verschollene Teil der Forschungsgruppe, der zufällig in Neukölln gelandet ist und gerade nach Moabit fahren will, wo ein anderer Teil der Probanden, der noch nicht befragt wurde, Bierball spielt.

Eine Berliner Nacht geht schnell zu Ende. Und wie durch Zauberei landet man schon wieder um halb sechs Uhr morgens am Kotti unter der Brücke beim Pommesessen mit irgendeinem Karl Marx. Ob es derselbe war wie zuvor, kann ohne Brille nicht eindeutig festgestellt werden, aber der Bart befindet sich an derselben Stelle. Der Junge strahlt, als hätte er gerade *Das Kapital* zu Ende geschrieben. Er will feiern und baggert die Wissenschaftlerin an. Die Wissenschaftlerin aber will wissen, was nun genau seine Kritik an der politischen Ökonomie des Kapitalismus sei und wie sich die Teilung der Menschen in Arbeitnehmer und Arbeitgeber auf die zwischenmenschlichen Beziehungen auswirke? Sei eigentlich in einer Welt, die auf Ausbeutung und Betrug basiere, die Liebe noch möglich? Das sei doch die zentrale Frage jeder Forschung!

Das sei ihm jetzt ehrlich gesagt zu hoch, sagt der Karl Marx vom Kotti. Er studiere BWL im vierten Semester und habe schon fünf Bier, drei Kurze und einen Gin Tonic getrunken und dann noch an so einem komischen Joint gezogen, weswegen er sich gleich übergeben müsse. Sein Kumpel, der Engels, wäre nur kurz zur Tankstelle gegangen, um Zigaretten zu holen, und sei seither verschwunden. Aber bald komme er zurück, und sie zögen weiter, denn die Nacht sei noch lange nicht vorbei, sie könne gerne, wenn sie möge, mitkommen.

Die Wissenschaftlerin regt sich über diese maskuline Verblendung unglaublich auf. Als würden wir noch immer in archaischen patriarchalen Machtverhältnissen leben, wo die

Typen stets dachten, Frauen müssten tun, was die Männer wollten, nur weil die einen Bart trugen. Kaum will die Wissenschaftlerin Marx über sein Machoverhalten aufklären, kommt Engels von der Tankstelle zurück und zieht seinen Freund vom Kotti weg.

Am nächsten Tag hat die Wissenschaftlerin einen schweren Kater, Sodbrennen und eine Menge Zettel mit Notizen in krakeliger Schrift, dazu Aufnahmen, Grafiken und Zeichnungen, die sie leider nicht mehr entziffern kann. Das ist natürlich besonders schade, weil sie letzte Nacht eindeutig nahe dran waren, eine alternative gesellschaftliche Form glücklichen Zusammenlebens aus Sicht der neuen Generation zu entwickeln. Es kommt aber in der modernen Europäischen Ethnologie öfter vor, dass die großartigen gesellschaftlichen Modelle, die nachts entstehen, bei Tageslicht verblassen und nichts taugen. Doch die Hoffnung geht uns nicht verloren, solange die Jugend forscht.

Frühlingslieder

Der Frühling weckte uns aus dem Winterschlaf und verteilte großzügig die Aufgaben. Auf einmal waren alle beschäftigt: Meine Frau goss die Blumen auf dem Balkon, ich drehte einen Film zum 100-jährigen Bestehen des Friedrichstadt-Palastes, meine Mutter schaute sich die Weltmeisterschaft im Eiskunstlauf an, und mein Sohn hatte ein neues aufwendiges Fitnessprogramm aus dem Internet heruntergeladen, das schnelles Wachstum irgendwelcher »unsichtbaren Muskeln« versprach, die nur auserwählte Besitzer dieses Programms zu spüren bekamen. Mit Gummiband, Hanteln und Yogamatte wollte er die »unsichtbaren Muskeln« sichtbar werden lassen und schaute alle fünf Minuten in den Spiegel, ob sie schon da waren. Die Muskeln schienen launisch und schüchtern zu sein, mal waren sie da, mal versteckten sie sich wieder.

Meine Tochter vergeudete ihre Jugend in Polen. Ihre Freundin war von Erasmus im Studentenaustausch nach Warschau geschickt worden. Daraufhin hatte der Freundeskreis meiner Tochter eine neue Sportart entwickelt:

»Dorothee in Polen besuchen«. Acht Stunden hin mit dem Bus, einmal mit Doro in die Polen-Bar gehen und – wegen der aufwendigen Zollkontrolle – zehn Stunden Bus zurück. Wahrscheinlich leiden nur alte Menschen unterwegs, für die Jugend sind acht Stunden im Bus ein Genuss.

»Bring doch ein paar Würstchen mit, wenn du sowieso nach Polen fährst. Und sprich dort lieber kein Russisch, die Menschen dort können Russen nämlich nicht leiden«, empfahl ich ihr.

»Aber Papa, ich möchte gerade diese alten Klischees widerlegen, die stets in Bezug auf Polen bemüht werden. Als würden alle Polen Schnurrbärte tragen und hätten nichts Besseres zu tun, als über Russen zu schimpfen und Würste zu essen«, entgegnete meine Tochter. »Du wirst staunen, ich bringe dir etwas ganz Überraschendes aus Polen mit«, versprach sie mir.

Der Frühling gab uns Kraft. Alles ging leichter, wenn die Sonne schien. Die fetten Berliner Wohlstandstauben schaukelten auf den Bäumen im Hof, und die Katzen quietschten auf den Balkonen. Sie wollten wahrscheinlich mit den Vögeln mitschaukeln, schließlich waren Katzen für ihr Interesse an Tauben bekannt. Mit Ausnahme der Katze meiner Mutter. Sie ist, so glaube ich, im falschen Körper auf die Welt gekommen und ist in Wahrheit ein Hund. Sie hat Größe und Charakter eines Hundes, und sie kann fressen, ohne satt zu werden. Wenn Mama zu lange vor dem Fernseher sitzen bleibt, beißt ihr die Katze leicht ins Bein und zieht sie an der Hose Richtung Küche. Normalerweise hilft das auch, um Mama vom Sofa hochzukriegen, aber nicht, wenn die Weltmeisterschaft im Eiskunstlauf im Fernsehen läuft. Meine Mutter ist eine sportbegeisterte Frau. An diesen Tagen steht sie nicht mehr vom Sofa auf, und vom Verlassen des Hauses kann erst recht keine Rede sein. Sie darf nämlich nichts verpassen, keinen halben Rittberger, keinen Axel und keinen Lutz, vom vierfachen Toeloop ganz zu schweigen.

Als die Weltmeisterschaft in Japan ausgetragen wurde, herrschte in Mutters Wohnung eine Woche lang absolute Sportfeierlaune. Sie hatte extra eine Reserve an Brötchen, Oliven, Äpfeln und Katzenfutter neben dem Sofa vor dem Fernseher gelagert, um sich von nichts auf der Welt ablenken zu lassen. Wie immer kamen die besten Springer und Tänzer aus nicht demokratischen Ländern. Russland belegte beim Medaillensammeln Platz 1, dicht gefolgt von China und Kasachstan. Die Eiskunstläufer aus den freien demokratischen Ländern überlegten anscheinend zu lange, ob sie nun wirklich den vierfachen Toeloop wagen sollten. Sie wogen alle Argumente dafür und dagegen ab und landeten entweder mit beiden Füßen auf dem Eis oder berührten mit der Hand die kalte Oberfläche. Die Paare aus diesen Ländern zögerten auch, einander anzufassen, und sie konnten sich gendertechnisch oft nicht einigen, wer wen hochheben und wie man den Partner bzw. die Partnerin besser führen sollte, damit es nicht als Belästigung aufgefasst werden konnte.

Mit Begeisterung erzählte mir Mama von den springenden Russen, die jedes Jahr immer höher flogen und immer mehr Umdrehungen schafften. Das Gleiche hatte ich bereits am Vortag über die Tänzerinnen im Friedrichstadt-Palast gehört, von denen viele aus dem Osten kamen. Auch dort hatte mir die Chefchoreografin, eine Bulgarin, bei der Aufstellprobe des Gardeballetts erzählt, dass die russischen Anastasias und Natalias die besten seien. Alle anderen wollten immer umständlich erklären, warum sie die Übung so und nicht anders gemacht hätten, und bestanden auf ihrem Recht, eine eigene Meinung zu haben. Sie machten ständig Verbesserungsvorschläge und ärgerten damit die Choreografin. Die russischen Anastasias nickten nur kurz und machten einfach, was man ihnen sagte.

»Sie diskutieren nicht und springen nicht wie wilde Ziegen herum, um ihre ›Kreativität‹ zu demonstrieren. Sie halten sich einfach an die Tanzschritte«, meinte die Choreografin.

Der Friedrichstadt-Palast hat alle Winkelzüge der Geschichte erfolgreich überstanden. Seit hundert Jahren halten sie dort unbeirrt an der Heiligen Dreifaltigkeit von Bein, Feder und Hut fest, an ihrem Cancan im Zweivierteltakt an sechs Tagen die Woche um 19.30 Uhr, immer außer montags. Nur einmal gab es eine kleine Unterbrechung für zwei Jahre, 1943–44. Da hat es draußen zu doll geknallt, die Zuschauer mussten an die Front oder hatten sich in den Kellern verschanzt, und Goebbels erklärte den totalen Krieg. In dieser Zeit waren alle lustigen Vorstellungen in Deutschland untersagt. Die Tänzerinnen und Tänzer bekamen frei und warteten, bis der Spuk vorbei war. Aber 1945 ging es sofort weiter mit Cancan, mit Bein, Hut und Feder.

Seitdem hat es keine Unterbrechung mehr gegeben. Selbst am Tag des Mauerfalls lief im Friedrichstadt-Palast eine Vorstellung. Die Show war um 22.00 Uhr zu Ende, ungefähr eine Stunde später fiel die Mauer, und viele Zuschauer sind wahrscheinlich an dem Abend gar nicht nach Hause gekommen. Auch einige Tänzerinnen und Tänzer gingen sofort nach drüben, um sich den Westen anzuschauen. Doch sie kamen alle zurück, und am nächsten Tag war die Show wieder ausverkauft.

Ob sie Muskelkater habe, fragte ich die Tänzerin Anastasia. Früher in St. Petersburg beim klassischen Ballett hätte sie mehr Muskelkater gehabt, meinte sie. Es würden einem ganz andere Muskeln wachsen, wenn man jeden Abend Cancan tanzte. Die meisten Menschen hätten diese Muskeln gar nicht, erzählte sie.

Das wollte ich unbedingt meinem Sohn erzählen, der gerade nach versteckten Identitätsmuskeln suchte. Seiner Theorie nach kam jeder Mensch als Entwurf auf die Welt, als Wurzel, als Versprechen. Es lag ganz an ihm, wie er sich weiterentwickelte, körperlich und geistig. Jeder neue Muskel, den er wachsen ließ, bekam, wenn er groß genug war, eine eigene Stimme und fing an, mit seinem Träger zu kommunizieren: »Hallo! Hier bin ich. Ich heiße soundso. Und wie heißt du?«, fragt dich dein neuer Muskel. Dieses Gespräch tun die meisten Menschen gedankenlos als Muskelkater ab. Dabei entsteht aus dem Chor der Muskelstimmen das polyfonische Ich, das den Inhaber so unverwechselbar macht. Er muss bloß hellhörig sein und auf die Stimmen seiner Muskulatur hören.

»Die Polen sind sehr muskulös«, erzählte Nicole, zurück aus Warschau. »Sie haben echt große Nasen, Glatzen und Schnurrbärte, bevorzugen sportlich-legere Kleidung und mögen am liebsten Würste.«

Nicole war auf dem Polenmarkt und in mehreren Geschäften gewesen und hatte die Vielfalt der polnischen Wurstwaren durchprobiert. Auf Platz 1 lagen eindeutig »Franfurtskije Kolbaski«. Diese hat Nicole gekauft und durch den Zoll geschleust. In Berlin packte sie die Würstchen aus dem Rucksack:

»Die müsst ihr unbedingt probieren! Sie schmecken richtig authentisch, fett und weich. Polnisch eben«, meinte sie.

Ich staunte nicht schlecht. Auf unsere Frage, ob ihr bewusst sei, dass sie gerade Frankfurter Würstchen aus Polen nach Deutschland geschmuggelt habe, meinte Nicole, die gäbe es in Deutschland gar nicht. Hier würden einem nur

Bratwürste, Bockwürste, Nürnberger oder Wiener Würstchen angeboten. Die richtigen Frankfurter Würstchen gäbe es nur auf der anderen Seite der Oder – in Polen auf dem Markt.

Die vier Merkmale des Erwachsenwerdens

Glaubt man den Wissenschaftlern, hören junge Menschen relativ früh auf zu wachsen. Mädchen mit 16 und Jungs mit 21 Jahren. Die Haare werden natürlich trotzdem länger, und die Augen wachsen, bis man dreißig ist, was angeblich damit zu tun hat, dass man sich immer mehr über die Welt wundert, je länger man lebt, und davon große Augen bekommt. Der Wachstumsstopp bedeutet aber noch lange nicht, dass die betreffenden Personen endgültig erwachsen geworden sind. Zumindest zweifeln viele Eltern daran. Aber wie kann man mit Sicherheit feststellen, dass Kinder, die nicht mehr wachsen, tatsächlich erwachsen sind? Darüber schweigt die Wissenschaft. Ich aber habe vier wichtige Merkmale entdeckt, die auf endgültiges Erwachsensein hinweisen.

Merkmal Nr. 1
Das Kind hat einen Leitz Ordner im Regal stehen und weiß auf Nachfrage, wo sein Mietvertrag, sein Kaufvertrag fürs Handy, sein Pass, seine Reiseversicherung, seine Studienbescheinigungen und die Strafzettel fürs Fahrradfahren ohne

Licht liegen. Das Kind macht eine Steuererklärung, und die Eltern schütteln ungläubig den Kopf.

Merkmal Nr. 2

Das Interesse an billigem Fusel sinkt. Was haben mich meine Kinder ausgelacht wegen meiner dekadenten Vorliebe für üppige Rotweine aus biologischem Anbau, für bauchige dünne Gläser mit einem kleinen Tropfen kräftigen Armagnac aus der Gascogne, der wie ein Blitz von links nach rechts durch den Kopf schießt, Geist und Körper belebt, aber am nächsten Tag keine Schmerzen hinterlässt, höchstens den kleinen Schatten des Zweifels, ob der dritte Tropfen gestern Abend möglicherweise einer zu viel gewesen war. Die Kinder hielten die Marotten ihres Vaters für einen Ausdruck von Eitelkeit und für pure Geldverschwendung. Sie selbst kauften bei Aldi Rum mit Ananasgeschmack für 3,99 Euro eine Flasche Pfeffi und einen Kasten Sterni für 80 Cent die Flasche, und das hat geknallt! Die Kopfschmerzen am nächsten Tag waren quasi im Preis inbegriffen. Die Kinder freuten sich schon am Donnerstag auf den Freitagabend, wenn sie ausgingen. Irgendwann aber überstiegen die Schmerzen am Tag danach die Freude am Tag davor. Der Kopf blieb auch am übernächsten Tag wie Ananas, und das Geld war trotzdem weg. Die Kinder stiegen auf Riesling um und trinken nun Schorle.

Die vier Merkmale des Erwachsenwerdens

Merkmal Nr. 3
Die Kinder fangen an, Oliven zu essen. Sie waren schon immer extrem wählerisch in Fragen der Ernährung. Das eine Kind mochte Gurken nicht, das andere fand Tomaten hässlich. Meine Tochter mochte zum Beispiel als Kind keine Tomaten, sondern nur Gurken, die tomatig schmecken. Also musste die Oma die Tomaten zuerst klein schneiden und mit Gurken durchmischen und sie dann wieder aus dem Salat entfernen, damit die Enkeltochter zum Essen vorbeikam. Manche Kinder essen vernünftig, manche mögen Zwiebeln, es gibt sogar welche, die Rote Bete nicht ablehnen. Aber kein Kind auf der ganzen Welt mag Oliven. Kleine schwarze Oliven mit Kernen, das ist ein Essen für alte Leute, die längst dem entscheidenden Geheimnis des Lebens auf die Schliche gekommen sind. Sie wissen: Das Leben ist Leid und Mühe, wobei jede Mühe vergeblich ist und jedes Leid vergeht. Also sitzen sie mit einem Teller salziger Oliven vor dem Fernseher und spucken die Kerne des Pudels in eine Schale der Enttäuschung. Neulich kam meine Tochter bei meiner Mutter vorbei, griff in den Teller und sagte: »Schmeckt gut, Oma! Wo hast du die gekauft?« Wenn das Kind plötzlich anfängt, Oliven zu essen, heißt das, es ist erwachsen geworden.

Merkmal Nr. 4
Alte Träume landen im Keller. Es sind natürlich nicht die Träume selbst, die im Keller liegen, sondern die bunten

Hüllen, in die sie verpackt waren. Der schneeweiße Kampfanzug aus der Zeit, als meine Tochter beschlossen hatte, Karatekämpferin zu werden und wie Frau Lee aus dem Film *Kill Bill* jedem Schurken den Schädel zu polieren. Sie hatte damals sogar ein Samuraischwert von ihrer Oma zum Geburtstag bekommen, das im Trubel der Pubertät verloren ging.

Sorgfältig eingewickelt in den weißen Karateanzug liegt auch eine Holzgitarre im Keller, eine letzte Zeugin, die nicht schweigen wollte über den gescheiterten Versuch, eine Mädchenband zu gründen. Es hätte eine Art weibliches Nirwana werden sollen, doch der Traum zerbrach an dem langweiligen Musikunterricht in der »Musikschule Pappelallee«, wo man nur üben und nicht schreien durfte. Alle anderen Zeugen und Bandmitglieder haben unter Eid geschworen, nie wieder darüber zu reden. Nur die eingewickelte Gitarre liegt noch im Keller, verstaut in einem zusammengefalteten Schlauchboot.

Oh, das Schlauchboot. Das Schlauchboot war unsere letzte Hoffnung, dem Erwachsenwerden zu entkommen und für immer Kind zu bleiben. Fünf Freunde hatten zusammengelegt und ihr zum zwanzigsten Geburtstag ein Schlauchboot geschenkt. Die Idee war, mit diesem Boot die unvergleichliche Seenlandschaft Brandenburgs zu erkunden. Das Boot war für vier Personen genehmigt, aber es passten sechs Menschen hinein, wenn man die Kissen wegwarf und alle ihre Beine über Bord baumeln ließen. Beim ersten Ausflug an den See stellten die Freunde dann fest, dass der Nippel kaputt war. Sie wollten ihn gleich reparieren, kamen aber nie dazu.

Epilog

Ein großes rostiges Schloss hängt an der Kellertür, und so kann die Kindheit als abgeschlossene Etappe betrachtet werden. Sie sitzt dort in der Dunkelheit und hat nur eine Hoffnung: dass die Vernunft vielleicht eines Tages kurz zum Arzt muss oder einkaufen geht und dabei von einem Radfahrer ohne Licht angefahren wird. In diesem Moment findet die Tochter zufälligerweise zwischen unzähligen Leitz Ordnern versteckt ihr Samuraischwert wieder, holt es heraus, bricht das Kellerschloss auf, repariert den Nippel, bläst das Gummiboot auf und sagt zu mir: »Komm bitte mit! Es ist eigentlich für vier Personen gedacht, aber es passen auch zwei Personen und vier Kästen Sterni rein, wenn man die Kissen wegschmeißt und seine Beine über Bord baumeln lässt. Es wird bestimmt eine spannende Reise. Wir werden singen und in die unvergessliche Seenlandschaft Brandenburgs kotzen und alle Leitz Ordner versenken. Dann fahren wir nach Hause und machen eine Dose Oliven auf.«

Wladimir Kaminer wurde 1967 in Moskau geboren, wo er eine Ausbildung zum Toningenieur für Theater und Rundfunk absolvierte. Seit 1990 lebt er in Berlin. Er selbst sieht sich als Weltbürger und sagt, er sei privat Russe, beruflich deutscher Schriftsteller. Mit seiner Erzählsammlung »Russendisko« sowie zahlreichen weiteren Bestsellern avancierte er zu einem der beliebtesten und gefragtesten Autoren Deutschlands. Er ist auch journalistisch tätig, verfasst Artikel für Zeitungen und Zeitschriften und geht mit *Kaminer Inside* für 3sat auf immer neue Entdeckungstouren, um Menschen im In- und Ausland zu kennenzulernen oder einen Blick hinter die Kulissen bekannter Gebäude zu werfen. Alle Bücher von Wladimir Kaminer gibt es auch als Hörbuch, von ihm selbst gelesen.

Mehr Informationen zum Autor unter www.wladimirkaminer.de.

Von Wladimir Kaminer lieferbar:

Russendisko. Erzählungen • Militärmusik. Roman • Schönhauser Allee. Erzählungen • Die Reise nach Trulala. Erzählungen • Mein deutsches Dschungelbuch. Erzählungen • Ich mache mir Sorgen, Mama. Erzählungen • Karaoke. Erzählungen • Küche totalitär – Das Kochbuch des Sozialismus. Erzählungen • Ich bin kein Berliner – Ein Reiseführer für faule Touristen. Erzählungen • Mein Leben im Schrebergarten. Erzählungen • Salve Papa. Erzählungen • Es gab keinen Sex im Sozialismus. Erzählungen • Meine russischen Nachbarn. Erzählungen • Meine kaukasische Schwiegermutter. Erzählungen • Liebesgrüße aus Deutschland. Erzählungen • Onkel Wanja kommt – Eine Reise durch die Nacht. Erzählungen • Diesseits von Eden – Neues aus dem Garten. Erzählungen • Coole Eltern leben länger. Geschichten vom Erwachsenwerden • Das Leben ist keine Kunst – Geschichten von Künstlerpech und Lebenskünstlern • Meine Mutter, ihre Katze und der Staubsauger – Ein Unruhestand in 33 Geschichten • Goodbye, Moskau – Betrachtungen über Russland • Einige Dinge, die ich über meine Frau weiß. Erzählungen • Ausgerechnet Deutschland. Geschichten unserer neuen Nachbarn • Die Kreuzfahrer. Eine Reise in vier Kapiteln • Liebeserklärungen. Erzählungen • Tolstois Bart und Tschechows Schuhe. Streifzüge durch die russische Literatur • Rotkäppchen raucht auf dem Balkon – und andere Familiengeschichten Sämtliche Titel sind auch als ▄ E-Book erhältlich.

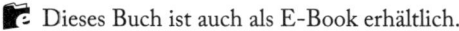

Verlagsgruppe Random House FSC® N001967

Wunderraum-Bücher erscheinen im
Wilhelm Goldmann Verlag, München,
einem Unternehmen der Random House GmbH.

1. Auflage
Originalveröffentlichung August 2020
Copyright © 2020 by Wladimir Kaminer
Copyright © dieser Ausgabe 2020
by Wilhelm Goldmann Verlag, München,
in der Verlagsgruppe Random House GmbH,
Neumarkter Str. 28, 81673 München
Umschlaggestaltung und Konzeption: buxdesign | München
Umschlagillustration: Ruth Botzenhardt
Satz: Buch-Werkstatt GmbH, Bad Aibling
Druck und Bindung: Friedrich Pustet, Regensburg
Printed in Germany
ISBN 978-3-442-31590-1

www.wunderraum-verlag.de

Auf Wiedersehen im
WUNDERRAUM

www.wunderraum-verlag.de